JN025071

BricsCAD 公式テキスト

BricsCAD 研究会／Bricsys Japan●共著

Bricsys Japan●監修

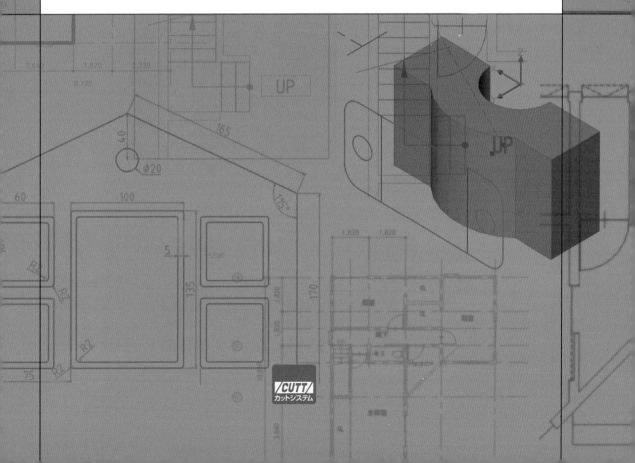

CUTT
カットシステム

はじめに

　本書は、BricsCAD をこれから始める方を対象とした入門書です。

　画面構成の説明から始まり、2D 図面を作成するための解説は、コマンドの基礎を学ぶ「基礎練習」、実務に即した「機械部品図面・建築平面図の作成」という構成になっておりますので、一歩ずつ BricsCAD を学んでいただけます。

　また、3D モデリングの基礎的な内容についても解説しています。機械部品のモデリングの他、建築で普及が確実となっている BIM についても、無料で使える BricsCAD Shape を利用した形で解説しているため、BIM モデリングの入門書としても活用できます。

　使用しているバージョンは BricsCAD V23 ですが、過去バージョンからある基本機能を中心に解説しておりますのでバージョンに関わらず学んでいただけます。

　実習に使用するテンプレートファイルなどのデータはウェブサイトからダウンロードしていただけます。作図環境を設定してありますので初めての方でも安心して始めていただけます。

　そして、練習で使用するテンプレートファイルの作り方も解説しておりますので、業務に合わせてテンプレートファイルを修正する方法も学んでいただけます。

BricsCAD とは

　BricsCAD は、ベルギーに本社がある Bricsys 社が開発しています。

　最大の特徴は、2 次元設計、3 次元設計（3D モデリング、機械設計、BIM）のすべてを DWG ファイル & BricsCAD という一つのプラットフォームで扱うことができることです。

　BricsCAD は .dwg 互換 CAD として、オープンなエコシステムを構築したソリューションを提供するリーダーとして世界中で使われているシステムです。

BricsCAD のシステム要件

OS	Microsoft Windows 10、11（x64）、macOS 10.15 以降、Ubuntu V18.04 以降、openSUSE builds 2020 年 4 月以降、Fedora builds 2020 年 4 月以降 ※日本語版は Windows のみです。
CPU	Intel Core i5、AMD Ryzen 5 推奨：Intel Core i7、Intel Core i9、AMD Ryzen 7、AMD Ryzen 9
メモリ	8 GB（推奨：16 GB）
ディスク空き容量	2 GB（インストール用）
ディスプレイシステム	True Color 対応 1920 × 1080、Mac ディスプレイ 推奨：マルチ UHD（3840 × 2160）または 4k True Color ディスプレイ、Apple Mac Retina（4K および 5K）ディスプレイ
グラフィックスカード	1 GB VRAM 搭載グラフィックカード 推奨：GPU および 4 GB VRAM 搭載 PCIe グラフィックスカード

BricsCAD 体験版ダウンロードについて

　BricsCAD は 30 日間フル機能が試用可能な体験版があります。

　BricsCAD が手元にない方は、体験版をダウンロードしてご利用ください。

　ダウンロード先 URL：https://www.bricsys.com/ja-jp/bricscad-download

「Bricsys ヘルプセンター」と「BricsCAD (Bricsys) の中の人」サイトのご紹介

「Bricsys ヘルプセンター」はコマンド検索やさまざまな資料の確認やサポートへの問い合わせができるため、機能把握や問題解決に是非ご活用ください。

https://help.bricsys.com/

また、日本のユーザ向け情報提供サイトとして「BricsCAD (Bricsys) の中の人」というBricsys Japan のオフィシャルサイトもございますのでこちらも合わせてご活用ください。

https://note.bricsys.com

本書の使い方

本書で使用するデータは、ウェブサイトにて公開をしております。

https://bricscadbook.com へアクセス

本書の構成

第1章　データを作成する前に画面構成や操作方法を学びます。

第2章　シンプルな図形を作成しながら、基本となるコマンドの練習をします。

第3章　機械部品の図面と建築平面の図面をそれぞれ作成しながら、実務的な形でCAD機能を学びます。

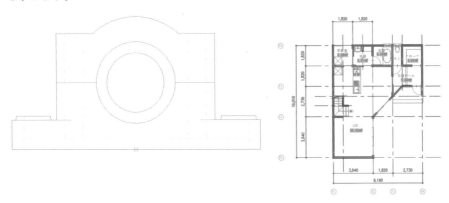

第4章　DWGファイルの特徴であるペーパー空間と印刷の作成方法を学びます。

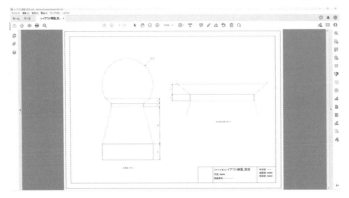

第5章 第4章で使用したテンプレートの作成方法を学びます。

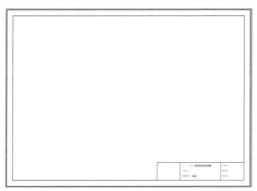

第6章 3Dのモデリングについて機械部品と建築で使われるBIMの作成を通じてデータの作成方法を学びます。

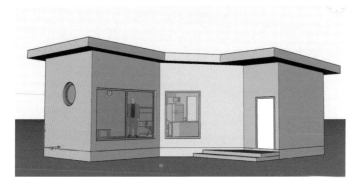

第4章　ペーパー空間と印刷 167

第5章　テンプレートの作成 181

第6章　3D モデリング 199

画面構成と基本設定

第1章では、次の内容を学習します。

- ファイルの開き方
- 画面の説明
- 画面の操作方法
- 初期設定

使用するデータを事前に、以下の URL からダウンロードして下さい。

https://bricscadbook.com へアクセス

1-1 ワークスペースの選択

BricsCAD を起動すると、最初に「ワークスペース」の選択画面が表示されます。

BricsCAD は多くの機能を搭載しているため、「ワークスペース」によって表示されるコマンドを切り替えていますので、ここで目的の作業を選択します。

今回は「2D 作図」を選択します。

※作図中にワークスペースはいつでも切り替えられますのでご安心ください。

1-2 ファイルを開く

「開始」の［図面を開く］ボタンをクリックします。「ファイルを開く」ダイアログが表示されたら、ファイルの種類が「標準図面ファイル (*.dwg)」になっていることを確認し、ダウンロードしたファイルから「製造テンプレート .dwg」を開きます。

1-3 表示状態の変更

　初期設定では配色がダークテーマになっていますが、印刷やPDF出力のイメージがしやすいようにライトテーマに変更します。

　左上の「BricsCAD」アイコンをクリックし、[設定]を選択して「設定」ダイアログを表示します。

　[プログラムオプション] - [表示] - [背景色] を「White」に変更します。

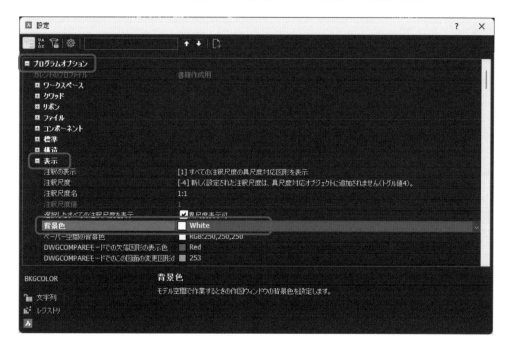

　［プログラムオプション］-［システム］-［UI カラーテーマ］を「[1] ライトカラーテーマ」に変更し、「設定」ダイアログを閉じます。

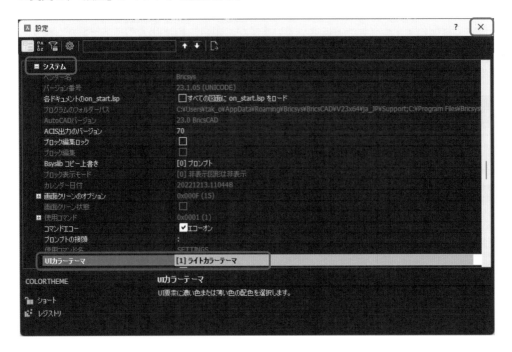

1-4 画面構成

画面各部の名称を以下に示します。

①ツールバー

③リボンパネル

②リボンタブ

①ツールバー　　　　よく使う機能をアイコンから実行できます。
②リボンタブ　　　　作業分類で大きくコマンドのグループを切り替えます。
③リボンパネル　　　コマンドが細かく機能分類で分けられています。

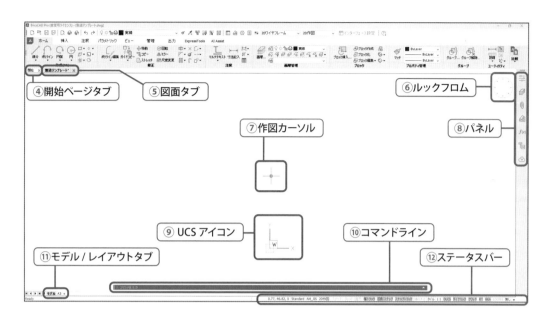

④開始ページタブ	最近使用したファイルを素早く開くことや、テンプレートから新しい図面を作成できます。
⑤図面タブ	複数の図面ファイルを開いているときに切り替えやファイル操作が行えます。
⑥ルックフロム	作図領域の視点の向きを変更します。
⑦作図カーソル	マウスカーソルのある位置が表示されます。
⑧パネル	プロパティパネルや画層管理パネルなどを表示できます。
⑨UCSアイコン	UCS（ユーザー座標系）の位置と方向が原点または左下に表示されています。
⑩コマンドライン	コマンドのオプションや実行した内容が表示されます。
⑪モデル/レイアウトタブ	モデル空間とペーパー空間を切り替えます。
⑫ステータスバー	さまざまな機能の切り替えや現在の状態が表示されます。

　コマンドを実行すると、画面下のコマンドラインに、実行中のコマンド名、操作ヘルプまたはオプション、現在の設定、入力エリアが表示されます。

1-5 操作方法

　画面を操作する場合、真ん中にスクロールホイールのついた3ボタンマウスを使用すると便利です。

　操作方法は以下の通りです。

- 画面ズーム（画面をズームイン・ズームアウト）　マウスホイール
- 画面移動（画面を左右に動かす）　ホイールボタン
- オブジェクトの全体表示　ホイールボタンをダブルクリック
- 要素を選択したいとき　左クリック
- クワッドカーソルメニューの呼び出し　右クリック
- コマンドのキャンセル　[Esc]
- 選択を解除　[Esc]
- コマンドを完了する　[Enter]
- 直前のコマンドを繰り返す　[Enter]
- 操作を戻す　[Ctrl] + [Z]
- 操作をやり直す　[Ctrl] + [Y]

1-5-1 クワッドカーソルメニュー

　クワッドカーソルメニュー（以下「クワッド」という）は、ツールバーの代わりになるもので、状況に合わせてさまざまなコマンドが表示され、カーソルの移動やクリック数を減らすことができます。

直前のコマンドなど1つの
コマンドが表示されます。

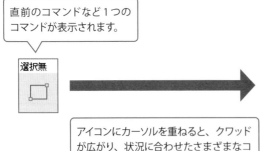

アイコンにカーソルを重ねると、クワッド
が広がり、状況に合わせたさまざまなコ
マンドが表示されます。

1-6 オプションの設定

BricsCAD を使用する上でのおすすめの設定項目を設定します。

● 作図グリッドの非表示

　ステータスバーの［グリッド］をクリックし、オフに切り替えます。

● 極トラックを有効

　ステータスバーの［極トラック］をクリックし、オンに切り替えます。

「極トラック」とは、カーソルが指定角度でスナップする作図補助機能です（初期値は 0、90、180、270 度）。「極トラック」を使用することで、よく使う角度の線を簡単に作成できます。

● 図形スナップ

　ステータスバーの［図形スナップ］上で右クリックし、［設定］を選択します。

［図形スナップモード］の［端点］〜［平行］すべてにチェックを入れ、スナップを有効にします。

「図形スナップ」とは、図形の特徴のある点を認識する作図補助機能です。「図形スナップ」を使用することで、正確な点を簡単に指示できます。

1-7 画層の設定

1-7-1 画層とは

　図形をグループごとに管理できるレイヤー（シート）のことです。「図枠」、「図形」、「寸法」、「補助線」などの要素ごとに別々に管理できるので、作図がしやすくなり、ミスを減らすこともできます。

　ただし、グラフィック系ソフトのレイヤーと違って上下関係はレイヤーと紐づいていません。図形の重なりはレイヤーに関係なく図形ごとの上下関係で表示されます。

1-7-2 画層の設定確認

　右側の［パネル］の［画層管理］を選択し、画層パネルの内容を確認します。

	※	🔒	名前	◆	線種	線の太さ	🖶	⊟	マテリアル
💡	※		0		実線	デフォルト	🖶		Global
💡	※		3D化用		実線	デフォルト	🖶		Global
💡	※		Defpoints		実線	デフォルト			Global
💡	※		Titleblock Elements		実線	デフォルト	🖶		Global
💡	※		テキスト		実線	デフォルト	🖶		Global
💡	※		ハッチング		実線	デフォルト			Global
💡	※		ビューポート		実線	デフォルト	🖶		Global
💡	※		陰線		HIDDEN	デフォルト	🖶		Global
💡	※	🔒	基準点		実線	デフォルト			Global
💡	※		実線		実線	デフォルト	🖶		Global
💡	※		寸法		実線	デフォルト	🖶		Global
💡	※		中心線		CENTER	デフォルト	🖶		Global
💡	※		非表示		実線	デフォルト	🖶		Global
💡	※		補助線		PHANTOM2	デフォルト			Global

　確認できたら、右側の［パネル］の［画層管理］を選択し、画層パネルを閉じます。
　また、パネルアイコンをダブルクリックするとフローティング状態になります。

1-8 テンプレートとして保存

　開いている「製造テンプレート .dwg」をテンプレートファイルとして保存して、簡単に使用できるようにします。

　ツールバーから［名前を付けて保存］を選択します。

　ダイアログの「デスクトップ」をクリックし、ファイルの種類を「図面テンプレート」、ファイル名を「製造テンプレート」と入力して保存します。

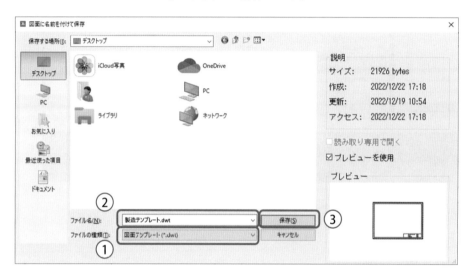

テンプレートとして保存することで、同じ環境で作図を開始することが可能になります。

　コマンドラインから「TEMPLATEFOLDER」コマンドを実行します。

　コマンド名を途中まで入力すると候補が表示されるので、カーソルキーの上下でコマンドを選択して Enter で実行できます。なお、入力するコマンド名は途中のつづりも有効なので、「tefo」などと入力しても候補として表示されます。

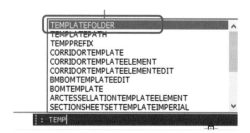

コマンドを実行すると、Windows のエクスプローラで BricsCAD のテンプレートフォルダが表示されます。デスクトップに保存した「テンプレート練習 .dwt」ファイルを、BricsCAD のテンプレートフォルダにドラッグ & ドロップで移動します。

新規作成したテンプレートを認識させるために BricsCAD を一度終了します。

あらためて BricsCAD を起動します。

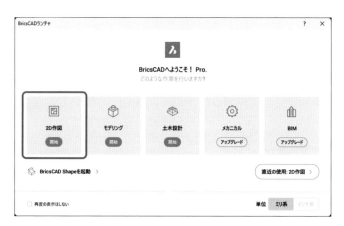

開始タブの「テンプレート」をクリックし、リストから「製造テンプレート」を選択します。
「テンプレート」に「製造テンプレート」が設定されたことを確認します。

基礎練習

この章では、シンプルな図形を作図しながら基本となるコマンドの練習をします。

2-1 基礎練習 1

はじめに完成図を示します。

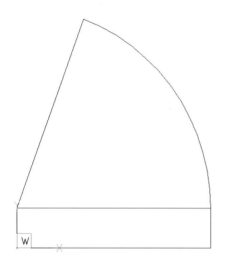

開始タブの「テンプレート」に「製造向けテンプレート」が設定されていることを確認し、[新しい図面] を選択します。

[ホーム] タブの [作成 (2D)] - [長方形] を実行します。

基準点を選択し、カーソルを右上へ動かして表示される水平寸法に「1000 [Tab]」で幅を設定し、垂直寸法に「200 [Tab]」で高さを設定し、[Enter] で長方形を作成します。

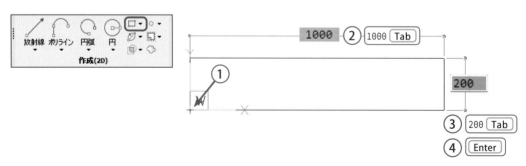

　［作成 (2D)］-［線分］を実行し、左上の頂点を選択し、「1000 Tab」で長さを設定し、「80 Tab」
で角度を設定し、Enter で線分を作成します。

　再度、Enter でコマンドを終了します。

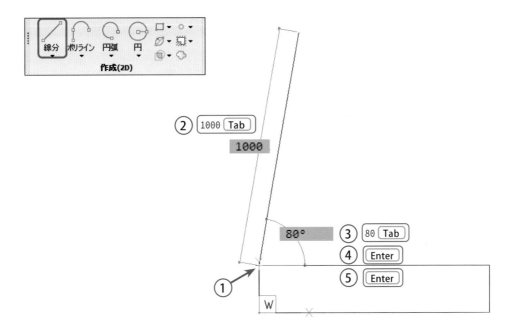

　［作成 (2D)］の［円弧］の文字部分をクリックし、［中心、始点、終点］を実行します。

　中心として長方形と線分の交点を選択し、始点は長方形の右上の頂点、終点は線分の端点を
選択します。

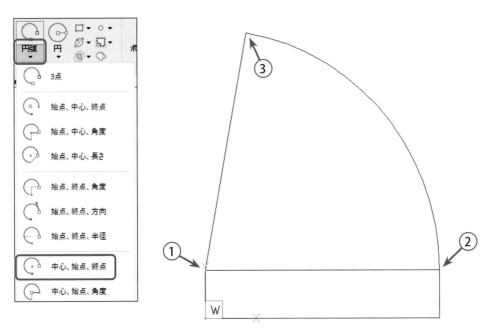

完成です。

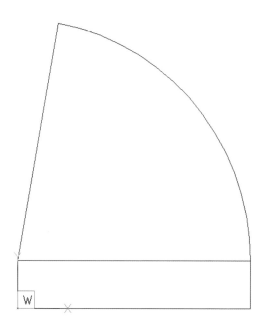

ツールバーの［上書き保存］をクリックし、任意の場所にファイル名「基礎練習1」として保存します。

2-2 基礎練習2

はじめに完成図を示します。

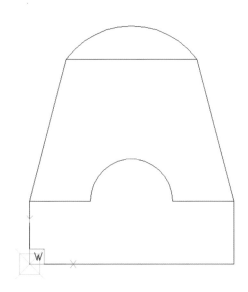

開始タブの［新しい図面］を選択します。

［ホーム］タブの［作成 (2D)］-［長方形］を実行します。

基準点を選択し、カーソルを右上へ動かして表示される水平寸法に「50 [Tab]」で幅を設定し、垂直寸法に「15 [Tab]」で高さを設定し、[Enter]で長方形を作成します。

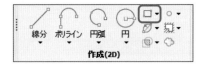

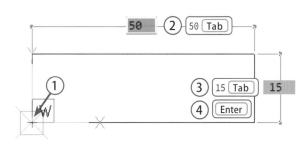

［作成 (2D)］-［線分］を実行し、左上の頂点を選択し、「35 [Tab]」で長さを設定し、「75 [Tab]」で角度を設定し、[Enter]で線分を作成します。

再度、[Enter]でコマンドを終了します。

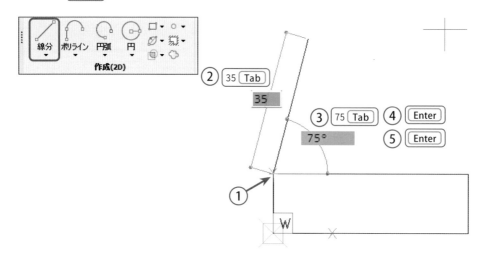

[Enter]で［線分］を再実行します。右上の頂点を選択し、「35 [Tab]」で長さを設定し、「105 [Tab]」で角度を設定し、[Enter]で線分を作成します。

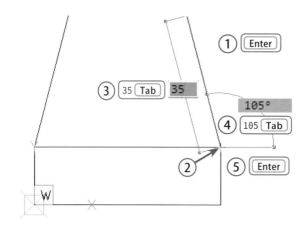

反対側の端点を選択し、Enter で終了します。

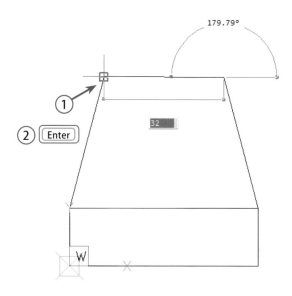

［作成 (2D)］の［円弧］の▼を選択し、［始点、終点、半径］を実行します。右上の頂点と左上の頂点を選択し、半径を「20 Enter 」で確定します。

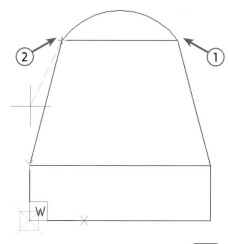

［円弧］コマンドは反時計回りに円弧が作成されます。そのため、始点・終点の選択を逆にすると、円弧が作成される方向が逆になります。
始点・終点を選択後に円弧を作成する方向を逆転させる場合は、Ctrl + Enter で完了します。

　［ホーム］タブの［作成 (2D)］-［円］-［中心 - 半径］を実行します。中心点として、長方形の上の水平線の「中点」を選択します。カーソルを動かした際に表示されるダイアログに「10」と入力し、Enter で確定します。

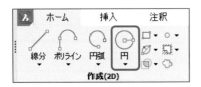

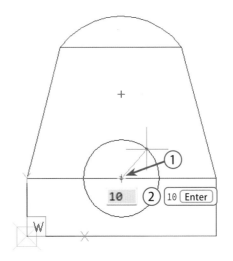

　［修正］-［トリム］を実行し、Enter で「ENTER で全ての図形を選択」を実行します。不要な2か所を選択し、削除します。

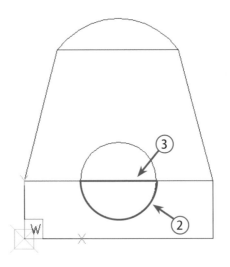

完成です。

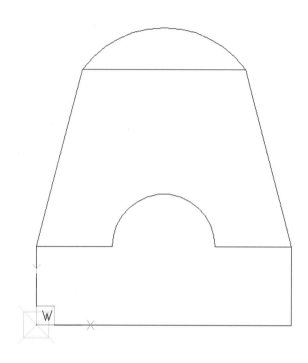

　ツールバーの［上書き保存］をクリックし、任意の場所にファイル名「基礎練習 2」として
保存します。

2-3 基礎練習 3

はじめに完成図を示します。

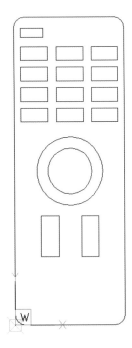

開始タブの［新しい図面］を選択します。

［ホーム］タブの［作成 (2D)］-［長方形］を実行します。

　基準点を選択し、カーソルを右上へ動かして表示される水平寸法に「50 [Tab]」で幅を設定し、垂直寸法に「135 [Tab]」で高さを設定し、[Enter] で長方形を作成します。

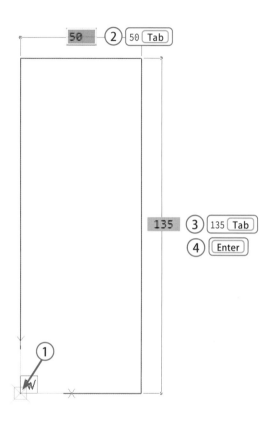

　[Enter] で再度［作成 (2D)］-［長方形］を実行します。長方形の左上の頂点を選択し、右下へカーソルを移動させ、水平寸法に「10 [Tab]」で幅を設定し、垂直寸法に「4 [Tab]」で高さを設定し、[Enter] で長方形を作成します。

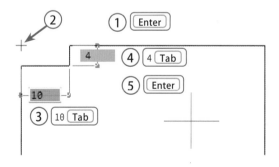

［ホーム］タブの［修正］-［移動］を実行します。移動する図形として、今描いた長方形を選択し、Enter で選択を確定します。

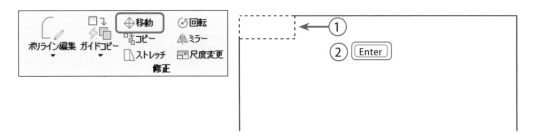

基点として右下の端点を選択し、キーボードで「3,-5」と入力し、Enter で確定します。

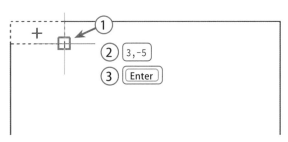

2点目を入力、または ＜移動距離として基点を使用＞:@3,-5

コマンドラインを選択せずに移動距離を入力すると、自動的に「@」が追加されて相対座標として処理されます。なお、コマンドラインを選択して移動距離を入力した場合は、「@」が自動的に追加されることはなく、絶対座標として処理される点に注意してください。

［ホーム］タブの［作成(2D)］-［長方形］を実行します。

移動した長方形の左下を選択し、カーソルを右下へ動かして表示される水平寸法に「12 Tab 」で幅を設定し、垂直寸法に「6 Tab 」で高さを設定し、Enter で長方形を作成します。

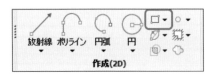

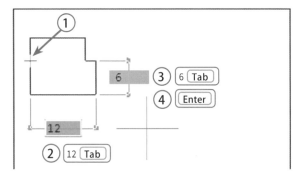

［ホーム］タブの［修正］-［移動］を実行します。

移動する図形として、今描いた長方形を選択し、[Enter]で選択を確定します。

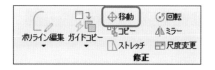
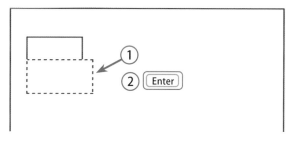

基点として右下の端点を選択し、キーボードで「0,-4」と入力し、[Enter]で確定します。

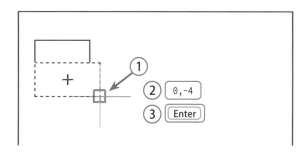

2点目を入力、または〈移動距離として基点を使用〉:@0,-4

［ホーム］タブの［修正］-［矩形配列］を実行します。配列複写する図形として、今移動した長方形を選択し、[Enter]で確定します。

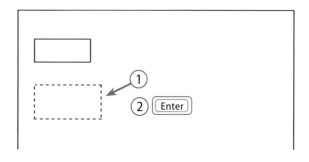

コマンドラインから「列（COL）」を選択し、列数を「3 **Enter**」、柱間の距離を「16 **Enter**」で確定します。

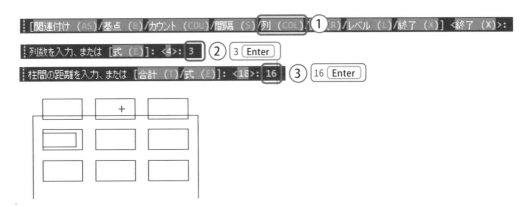

コマンドラインから「行（R）」を選択し、行数を「4 **Enter**」、行間距離を「-9 **Enter**」で確定し、「終了」します。

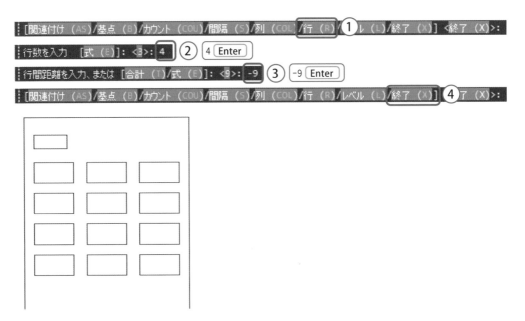

［矩形配列］／［円形配列］／［パス配列］を使用すると、規則的に並んだ同じ図形のコピーが一括で行えます。

［ホーム］タブの［作成(2D)］-［円］-［中心-半径］を実行します。

　大きな長方形の線の上にカーソルを乗せて、「図心」表示させ、中心点として図心を選択します。

　カーソルを動かした際に表示されるダイアログに「10」と入力し、[Enter]で確定します。

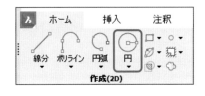
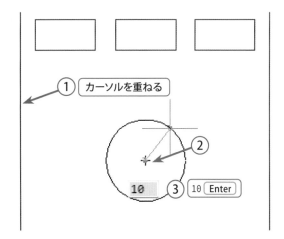

　［修正］-［オフセット］を実行し、コマンドラインに「5」と入力して[Enter]で確定します。今作成した円を選択し、外側を選択します。

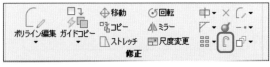
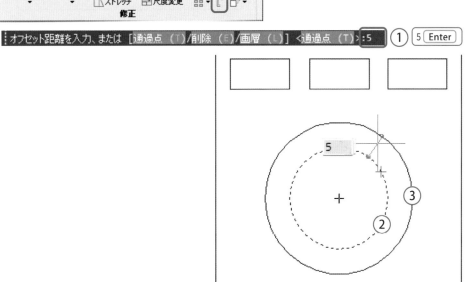

［ホーム］タブの［作成 (2D)］‐［長方形］を実行します。

　基準点を選択し、カーソルを右上へ動かして表示される水平寸法に「8 Tab 」で幅を設定し、垂直寸法に「18 Tab 」で高さを設定し、 Enter で長方形を作成します。

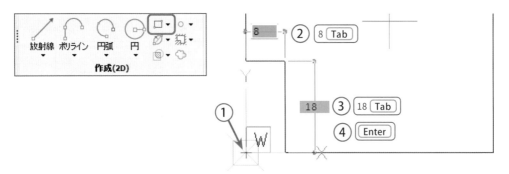

［ホーム］タブの［修正］‐［移動］を実行します。

　移動する図形として、今作成した長方形を選択し、 Enter で選択を確定します。

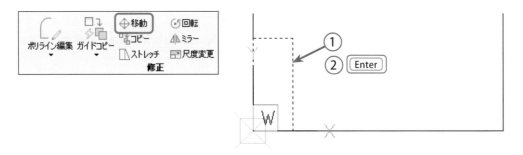

　基点として右上の端点を選択し、キーボードで「12,30」と入力し、 Enter で確定します。

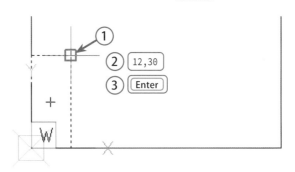

　［ホーム］タブの［修正］-［コピー］を実行します。コピーする図形として、今移動した長方形を選択し、[Enter]で選択を確定します。

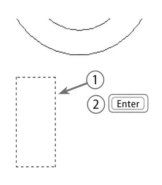

　基点として右上の端点を選択し、キーボードで「18,0」と入力し、[Enter]で確定します。再度[Enter]を押して終了します。

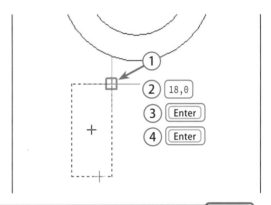

2点目を入力、または ［配列複写（A）］ ＜移動距離として基点を使用＞：@18,0

［修正］の［面取り］の右の▼を選択し、［フィレット］を実行します。

コマンドラインから「半径 (R)」を選択し、「5 [Enter]」で半径を設定します。

「ポリライン」を選択し、外枠を選択します。

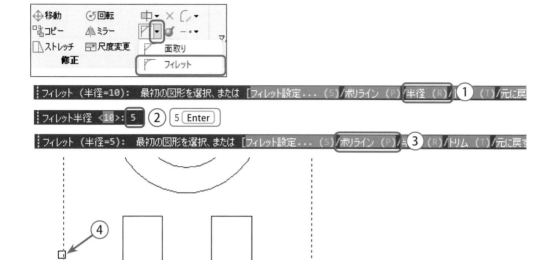

完成です。

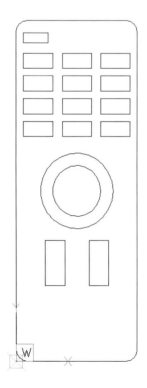

　ツールバーの［上書き保存］をクリックし、任意の場所にファイル名「基礎練習3」として
保存します。

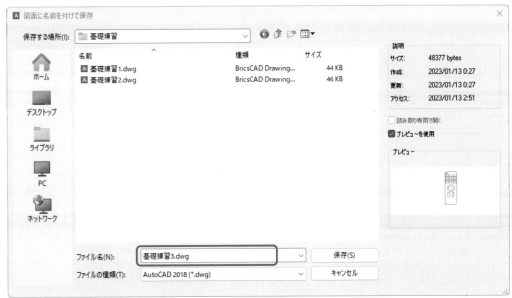

2-4 基礎課題

次の図形を作図してみましょう。

■ 完成図

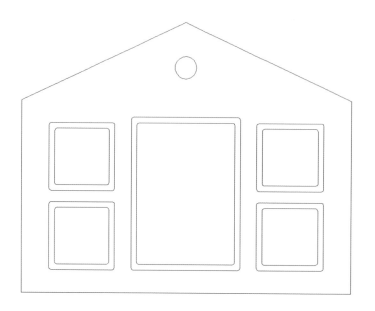

■ 完成図（寸法付き）

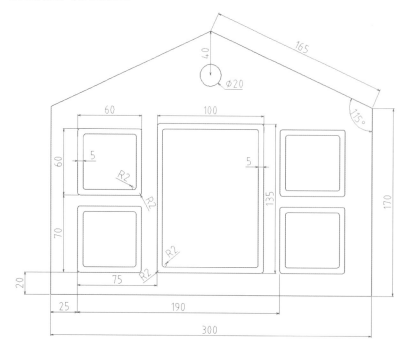

実務的な図面の作成

この章では 3-1 節にて機械部品図、3-2 節にて建築平面図の作図を
通して、BricsCAD の実務的な機能の使い方を学びます。

3-1 部品図の作図

3部品からなる軸受を作図しながら、「部品図の作成」、「レイアウト図の作成」、「パラメータを利用した設計変更」、「組図の作成」を学びます。

「軸受―フタ―」を作図しながら、基本の作図方法、注釈の記入方法、設計変更の対応方法、ハッチングを学びます。

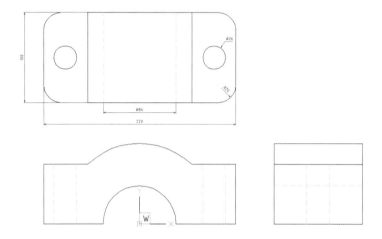

「軸受―ブッシュ―」を作図しながら、［パラメトリック］タブの活用方法を学びます。

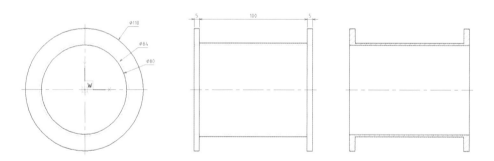

「軸受―組図―」を作成しながら、「外部参照ファイルの利用方法」、「組図としての図面修正」を学びます。

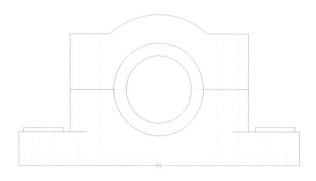

3-1-1 軸受―フター―

次の内容を学びます。

- オブジェクトの作成（線分、円、円弧、長方形、構築線、放射線）
- ミラーの方法
- オブジェクトの修正（トリム、オフセット、フィレット）
- 画層の切り替え
- 寸法の配置
- ファイルの保存

■ この節の流れ

正面図を作成しながら、線分・円弧の書き方、画層の切り替えなどの基本の流れを学びます。

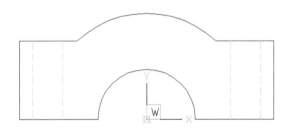

正面図を利用して、側面図の作成方法を学びます。

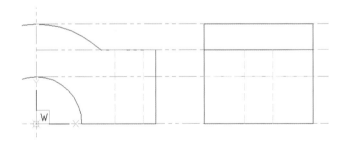

平面図を作成しながら、寸法の作成方法、設計変更の方法を学びます。

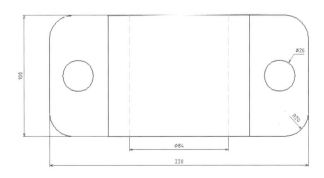

■ 正面図の作成

　一番上のツールバーの「画層コントロール」のドロップダウンリストから「補助線」に切り替えます。

画層には「線種」、「線色」が設定されているため、画層を切り替えるだけで、設定が一括で変更できます。

　［ホーム］タブの［作成 (2D)］の［線分］の文字部分をクリックし、［構築線］を実行します。
基準点を選択し、赤いガイドが表示される水平の任意の箇所を選択し、補助線を作成します。
　そのままコマンドが続くので、緑のガイドが表示される垂直の任意の箇所を選択し、補助線を作成します。

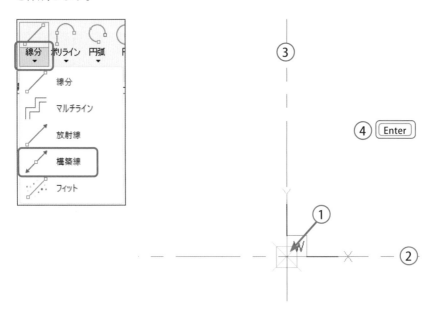

「図形スナップ」で認識した点は赤いアイコンが表示されます。
カーソルが多少ずれていても赤いアイコンが表示されていれば、認識している点が選択できます。

BricsCADではX軸が赤色、Y軸が緑色で表現されます。そのため、作図時に水平を認識していると X軸の赤色のガイドが表示され、垂直を認識しているとY軸の緑色のガイドが表示されます。

ツールバーの「画層コントロール」で「実線」に切り替えます。

［作成(2D)］の［構築線］の文字部分をクリックし、［線分］を実行します。

基準点を選択し、カーソルを動かして寸法が表示されたら、「105 Tab」で長さを設定し、水平線上を選択します。

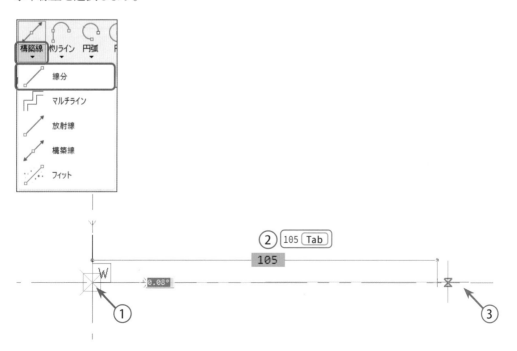

「66 [Tab]」で長さを設定し、緑色のガイドが表示される垂直のポイントを選択します。

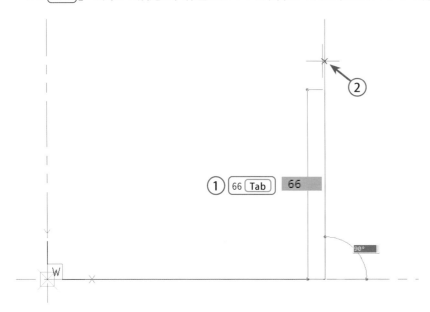

「垂線」と表示されるポイントを選択し、[Enter] で完了します。

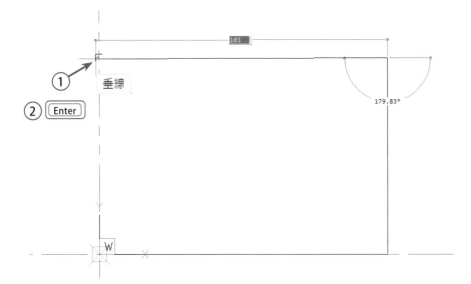

　[作成(2D)]の[円弧]の文字部分をクリックし、[中心、始点、終点]を実行します。
　中心として基準点を選択し、始点はコマンドラインに「42,0」と入力し、Enter で確定します。
　終点として、垂直の基準線上を選択します。

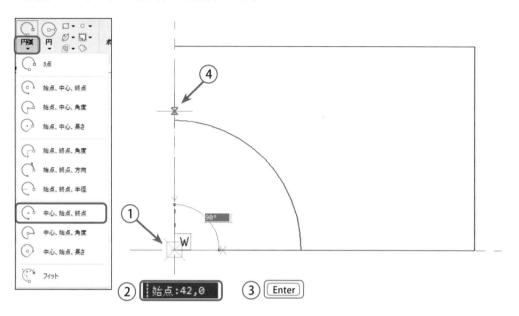

　[修正]-[オフセット]を実行し、コマンドラインに「47」と入力し、Enter で確定します。

　円弧を選択し、外側に広げる位置をクリックします。

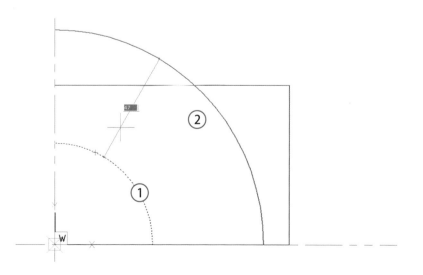

［修正］-［トリム］を実行し、オプションの「ENTER で全ての図形を選択」を実行します。

 山括弧のオプションは右クリックで選択できます。マウス移動なしで選択できるため、効率よく作業できます。

不要な3か所をクリックし、削除します。

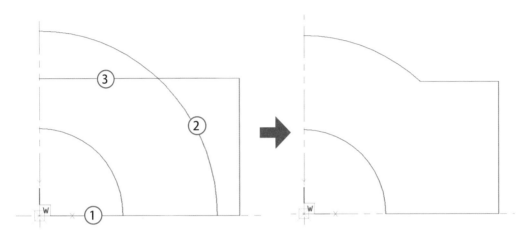

穴の目に見えないエッジ（陰線）を破線で作図します。

ツールバーの「画層コントロール」で「陰線」を選択し、画層を切り替えます。

　[修正] - [オフセット] を実行し、コマンドラインから「画層（L）」を選択し、「現在の画層（C）」を設定します。

　オフセット距離として「11.5」と入力し、[Enter] で確定します。

　右の垂直線を選択し、左側をクリックしてオフセットします。[Enter] で完了します。

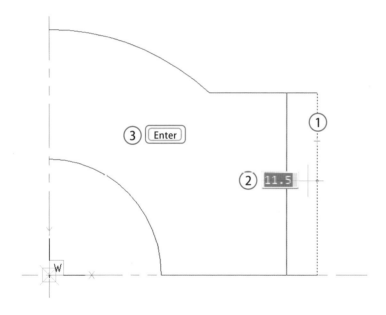

Enter で再度［オフセット］を実行し、オフセット距離として「26」と入力し、Enter で確定します。

　オフセットした陰線を選択し、更に左側にオフセットし、Enter で完了します。

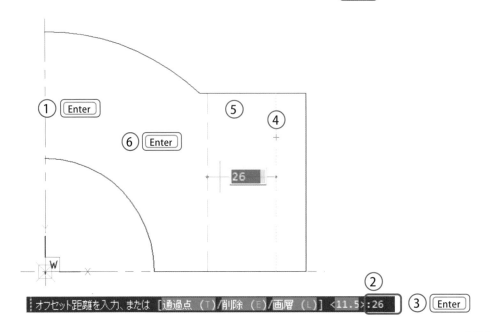

［修正］-［ミラー］を実行し、図形全体を囲うように左上・右下をクリックし、Shift を押しながら基準点を選択します。

　Enter で選択を完了します。

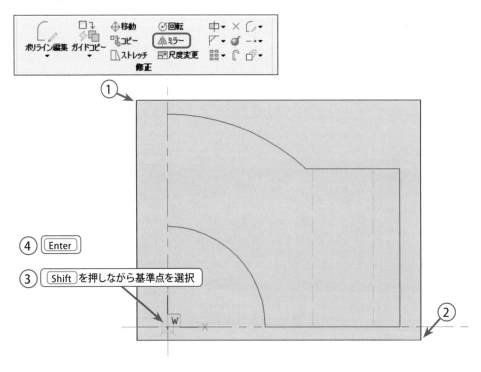

範囲選択の違い

　要素を囲んで選択する際、囲む操作の向きによって次のように動作が変わります。

● 左から右に範囲選択する　表示される枠の中にすべて含まれている要素のみ選択されます。表示されるエリアは青色で枠は実線で表現されます。

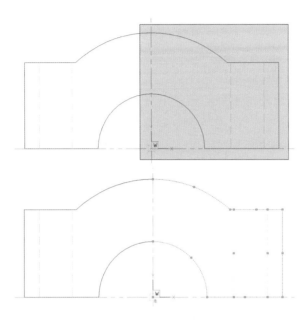

● 右から左に範囲選択する　表示される枠が重なる要素が選択されます。表示されるエリアは緑色で枠は破線で表現されます。

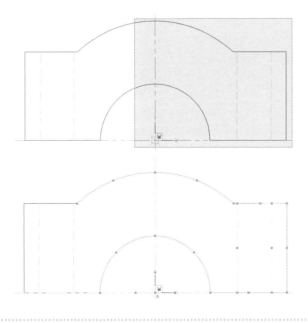

　垂直の基準線上を２点選択し、左側にミラーコピーし、コマンドラインの「いいえ - 図形を保持します」を選択します。

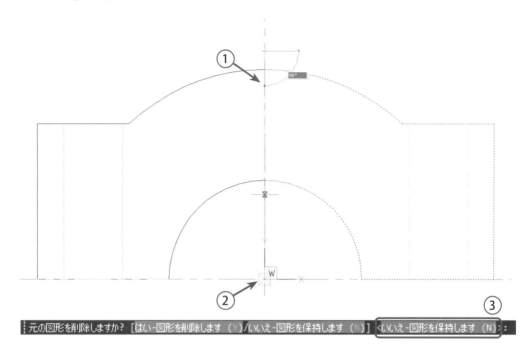

■ 側面図の作成

　位置合わせのための補助線を作成します。

　ツールバーの「画層コントロール」で「補助線」に切り替えます。

[作成 (2D)] の［線分］の文字部分をクリックし、［放射線］を実行します。

円弧の頂点を選択し、右側へ赤いガイドが表示される水平の任意の箇所を選択し、放射線を作成します。

[Enter]で完了します。

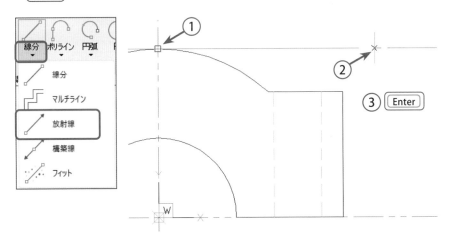

［修正］-［オフセット］を実行し、コマンドラインの「通過点 (T)」を選択します。

作成した放射線を選択し、コマンドラインの「連続 (M)」を選択して、放射線を作成する端点を全て選択します。

放射線が作成できたら、[Enter]で完了します。

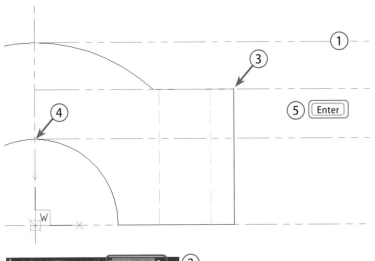

ツールバーの「画層コントロール」で「実線」に切り替えます。

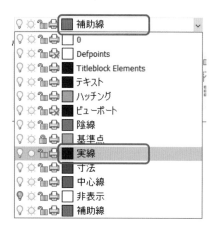

［作成 (2D)］-［長方形］を実行します。

一番下の補助線上を選択し、カーソルを動かして表示される水平寸法に「100 Tab」で幅を設定します。

長方形の対角の点として、一番上の補助線上を選択し、長方形を作成します。

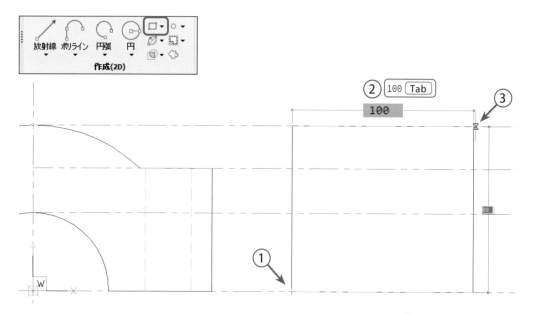

［作成 (2D)］の［放射線］の文字部分をクリックし、［線分］を実行します。
上から2本目の補助線をなぞり、〔Enter〕で完了します。

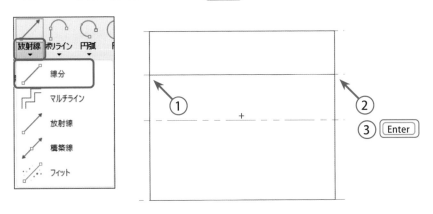

ツールバーの「画層コントロール」で「陰線」に切り替えます。

〔Enter〕で［線分］を再実行し、上から3本目の補助線をなぞり、〔Enter〕で完了します。

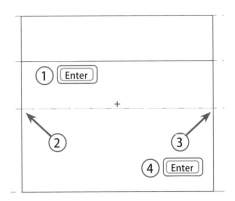

Enterで［線分］を再実行します。

Shiftを押しながら右クリックして図形スナップメニューを表示し、［一時トラッキング点］を実行して基準とする交点を選択します。

「37 Tab」で長さを設定し、水平線上を選択し、Enterで一時トラッキングを終了します。

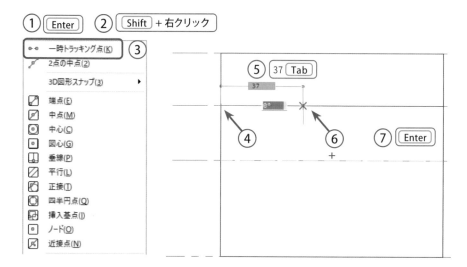

一番下の補助線まで垂線を作成し、Enterで線分を完了します。

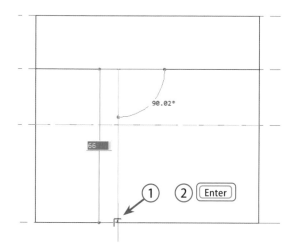

［修正］-［オフセット］を実行し、オフセット距離として、コマンドラインに「26」と入力し、Enter で確定します。

作成した陰線を選択し、右側にオフセットします。

側面図の完成です。

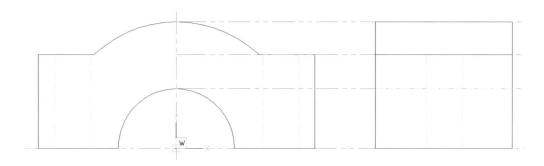

■ 平面図の作成

位置合わせのための補助線を作成します。

ツールバーの「画層コントロール」で「補助線」に切り替えます。

[作成 (2D)] の［線分］の文字部分をクリックし、［放射線］を実行します。

正面図の右の垂直線の端点を 2 点選択して、放射線を作成し、(Enter) で完了します。

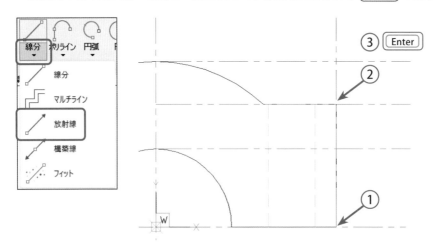

［修正］-［オフセット］を実行し、コマンドラインの「通過点 (T)」を選択します。

オフセット距離を入力、または [通過点 (T)/削除 (E)/画層 (L)] <26>:

作成した放射線を選択し、コマンドラインの「連続 (M)」を選択して、放射線を作成する端点を全て選択します。

放射線が作成できたら、Enter で完了します。

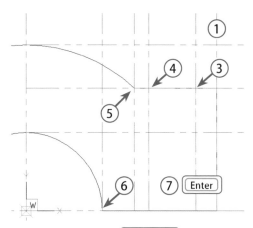

ツールバーの「画層コントロール」で「実線」に切り替えます。

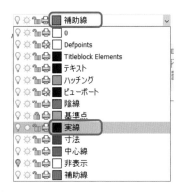

[作成 (2D)] の [放射線] の文字部分をクリックし、[線分] を実行します。

基準点からの垂直補助線上を選択し、一番右の補助線まで水平線を作成します。

そのまま「100 Tab」で長さを設定し、垂直に補助線上を選択します。

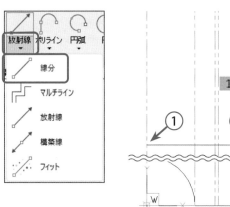

そのまま基準点からの垂直補助線上に水平線を作成し、(Enter)で完了します。

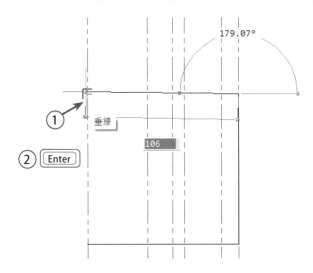

(Enter)で［線分］を再実行し、左から 3 本目の補助線をなぞって(Enter)で完了します。

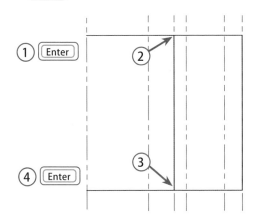

［作成 (2D)］の［円］の文字部分をクリックし、［2 点］を実行します。
垂直線の中点を認識させます。

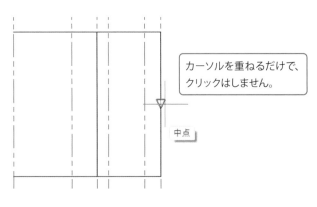

中点からの水平ガイドと、右から2本目の補助線との交点を選択し、続けて水平ガイドと右
から3本目の補助線との交点を選択します。

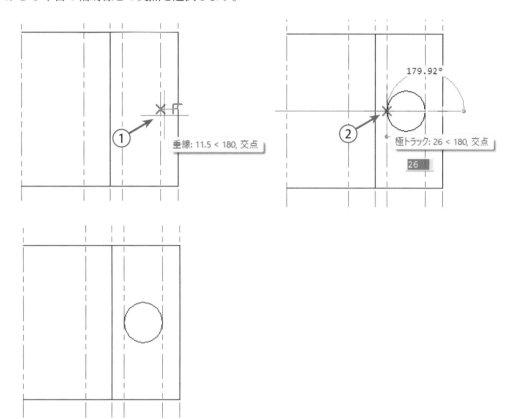

ツールバーの「画層コントロール」で「陰線」に切り替えます。

［作成 (2D)］-［線分］を実行し、左から 2 本目の補助線をなぞって Enter で完了します。

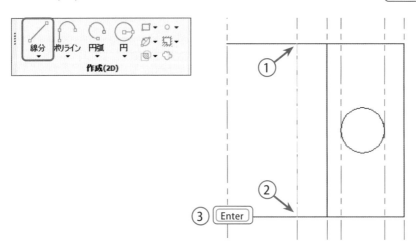

角をフィレットで円弧にします。

［修正］の［面取り］の右の▼を選択し、［フィレット］を実行します。

コマンドラインから「半径 (R)」を選択し、「20 Enter 」で半径を設定します。

フィレット（半径=10）: 最初の図形を選択、または ［フィレット設定... (S)/ポリライン (P)/半径 (R)/トリム (T)/元に戻

フィレット半径 <10>: 20　 Enter

続けて、「連続 (M)」を選択し、角を構成する 2 本の線分をそれぞれ選択します。

フィレットが作成されたら、 Enter で完了します。

フィレット（半径=20）: 最初の図形を選択、または ［フィレット設定... (S)/ポリライン (P)/半径 (R)/トリム (T)/元に戻す (U)/連続 (M)/選

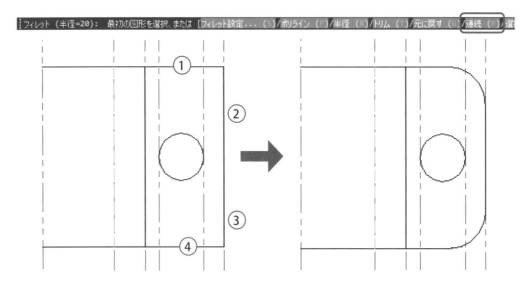

［修正］-［ミラー］を実行し、図形全体を囲うように左上・右下をクリックし、選択します。
Enter で選択を完了します。

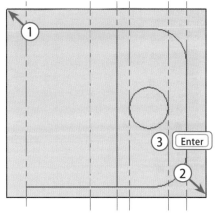

　垂直の基準線上を2点選択し、左側にミラーコピーし、コマンドラインの「いいえ - 図形を
保持します」を選択します。

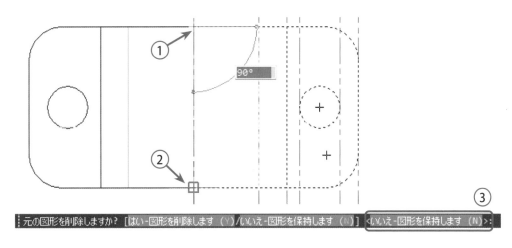

平面図の完成です。

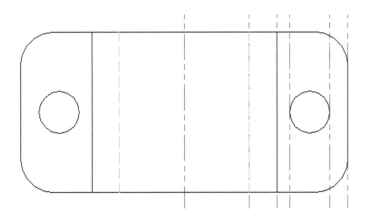

ツールバーの「画層コントロール」を開き、「補助線」画層の電球アイコンをクリックして非表示にします。

三面図ができました。

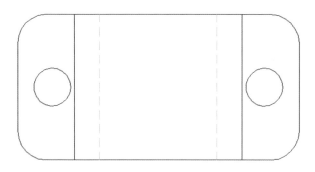

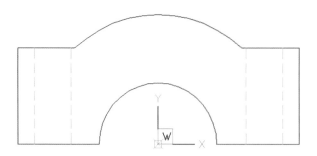

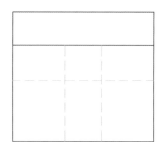

■ 寸法の作成

［注釈］-［寸法記入］で平面図に以下のように寸法を付けます。

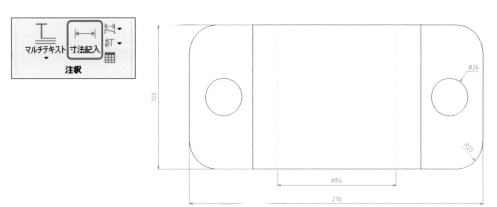

寸法は「2 点選択」と「線分選択」の 2 種類があります。

幅の寸法を「2 点選択」で作成します。

図形スナップの赤色のアイコンが表示されている状態で、2 点を選択し、配置位置として、任意の位置を選択します。

奥行き寸法は「線分選択」で作成します。

線分を認識するとカーソルが白四角に変わり、認識した線分が破線表示になります。その状態で選択し、配置位置を選択します。

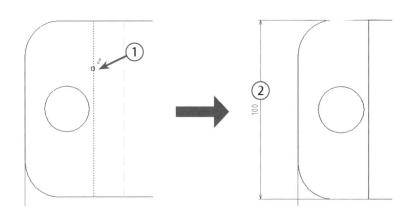

円 / 円弧の寸法は「線分選択」で作成します。「線分選択」では直径記号や半径記号が自動的に付加されます。

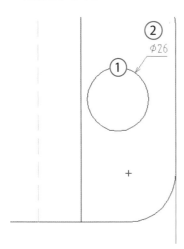

初期設定では円 / 円弧は直径寸法で表示されるため、半径寸法を配置するために、コマンドラインから「半径 (RA)」を選択して、表示を切り替えます。

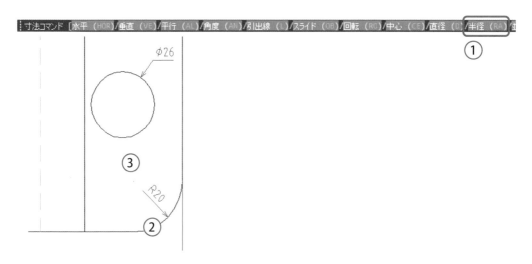

中央の穴の直径を「2 点選択」で配置します。
円 / 円弧ではないので、記号は自動的には付加されません。

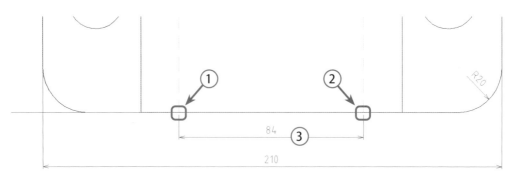

寸法を編集して、直径記号を追加します。

[Esc] で寸法コマンドをキャンセルし、寸法値をダブルクリックします。

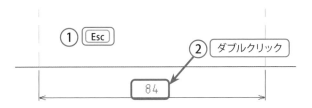

「文字フォーマッティング」が表示され、寸法が入力状態に切り替わります。

　入力カーソルの位置を確認し、「シンボル」を選択し、リストの中から［Φ(直径)］を選択します。

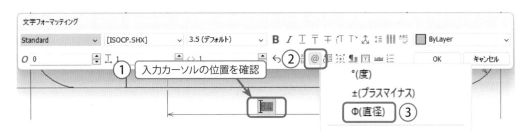

直径記号が追加されたことを確認して、［OK］ボタンをクリックします。

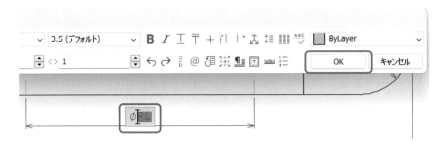

寸法が配置できました。

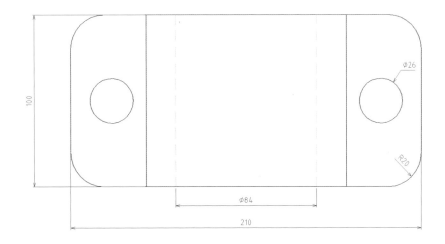

■ 設計変更

横幅を伸ばす設計変更をします。

ツールバーの「画層コントロール」から「補助線」を再表示します。

［修正］ - ［ストレッチ］を実行します。

伸ばす範囲を右から左に範囲選択し、 Enter で確定します。

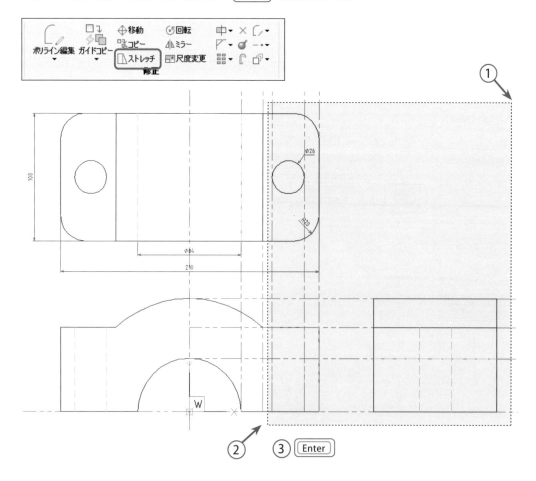

基点として水平補助線上の端点を選択し、カーソルを動かすと寸法が表示されます。
「5 Tab 」で移動量を設定し、補助線上を選択して、ストレッチを完了します。

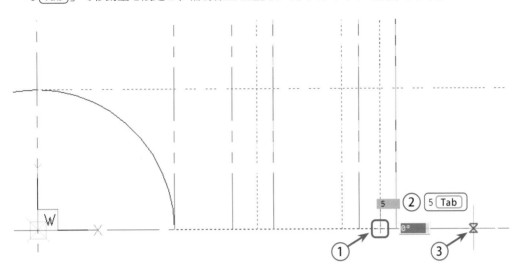

左側も同様に5 mm ストレッチします。

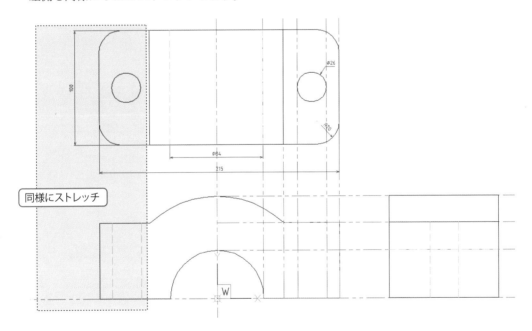

平面図の全体幅の寸法を確認すると、220 mm に修正されていることが確認できます。

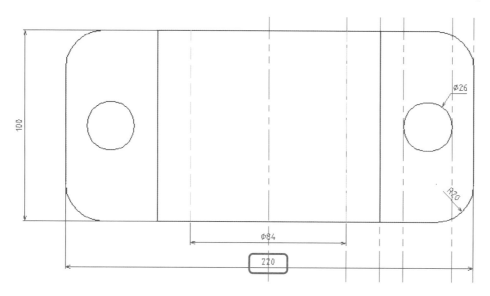

ツールバーの「画層コントロール」を開き、「補助線」画層の電球アイコンをクリックして非表示にします。

「軸受 - フタ -」の練習完了です。

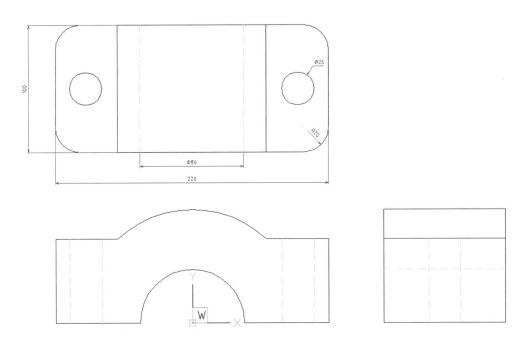

ツールバーの［上書き保存］をクリックし、任意の場所に「軸受」フォルダを作成し、ファイル名「軸受フタ」として保存します。

3-1-2 軸受—ブッシュ—

次の内容を学びます。

- オブジェクトの作成（ハッチング、中心線、中心マーク）
- 2D 幾何拘束の使い方
- 2D 寸法拘束の使い方
- クワッドの使い方
- マニピュレータの使い方

■ この節の流れ

正面図を作成しながら、円の作成、画層の切り替え、2D 幾何拘束、2D 寸法拘束を学びます。

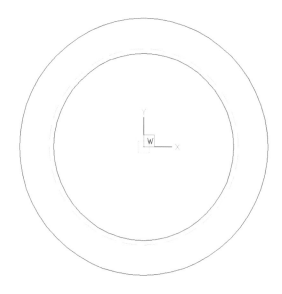

側面図を作成しながら、正面図と高さを合わせる方法を学びます。

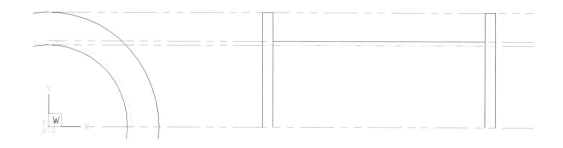

　断面図を作成しながら、マニピュレータの使い方、画層の変更、トリム、ハッチングを学びます

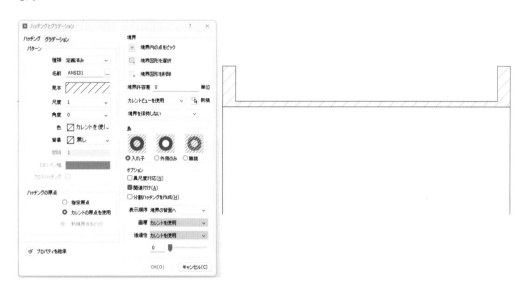

寸法の作成方法を学びます。

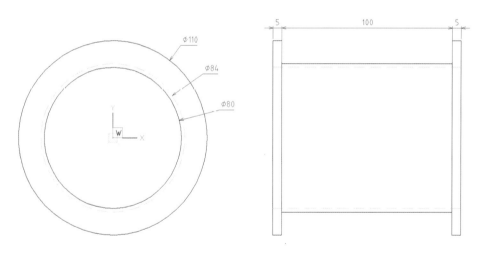

中心線・中心マークを作成し、図面を仕上げます。

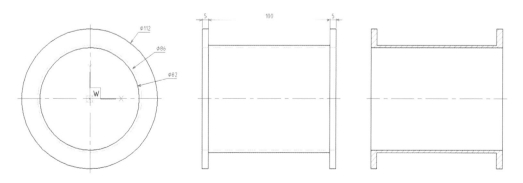

■ 正面図の作成

「テンプレート」に「製造テンプレート」が設定されていることを確認し、「新しい図面」を選択します。

表に見えているエッジを実線で作図します。

[ホーム]タブの[作成 (2D)]-[円]-[中心 - 半径]を選択し、基準点以外の任意の位置を選択し、カーソルを動かした際に表示されるダイアログに「40」と入力し、[Enter]で確定します。

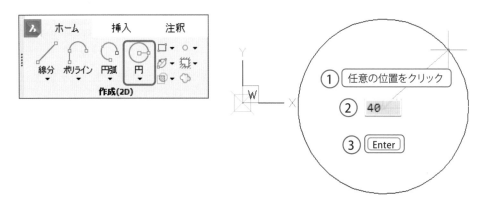

[Enter]で、再度［作成 (2D)]-[円]-[中心 - 半径]を実行し、1つ目の円の中心点を選択し、カーソルを動かした際に表示されるダイアログに「55」と入力し、[Enter]で確定します。

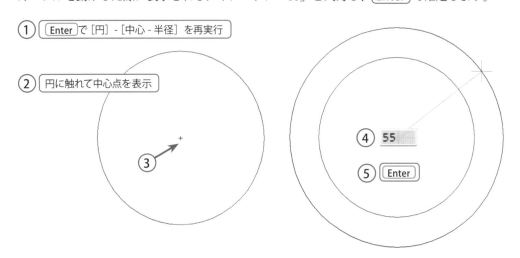

表に見えているエッジが作図できました。

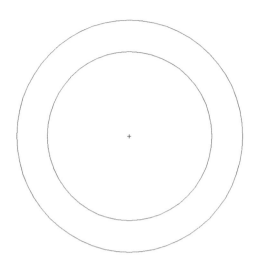

目に見えないエッジ（陰線）を破線で作図します。

ツールバーの「画層コントロール」で「陰線」を選択し、画層を切り替えます。

 画層には「線種」、「線色」が設定されているため、画層を切り替えるだけで、設定が一括で変更できます。

Enter で、再度 ［作成 (2D)］-［円］-［中心 - 半径］を実行し、中心点を選択し、カーソルを動かした際に表示されるダイアログに「42」と入力し、Enter で確定します。

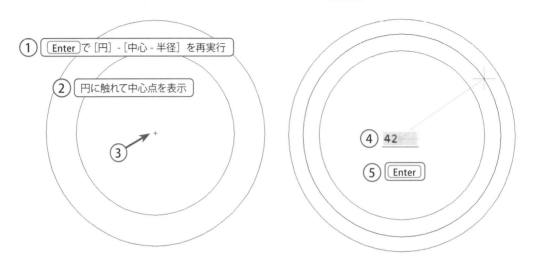

① Enter で［円］-［中心 - 半径］を再実行

② 円に触れて中心点を表示

③

④ 42

⑤ Enter

■ 2D 幾何拘束・2D 寸法拘束の定義

作図した要素に対して、幾何 / 寸法の設計要件を定義することで、常にその条件を維持することができます。これにより、意図しない変形を防いだり、寸法を連動したり、設計変更が容易になったりします。

正面図に 2D 幾何拘束・2D 寸法拘束を定義します。

［パラメトリック］タブに切り替え、［パラメトリックブロック］-［2D 自動拘束］を実行します。

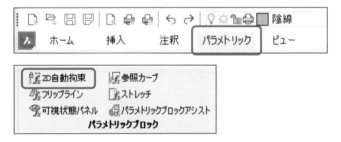

[2D 自動拘束] は「2D 幾何拘束」と「2D 寸法拘束」を同時に作成してくれる便利な機能です。

全ての円と交わるように右から左に範囲選択し、[Enter]で確定します。

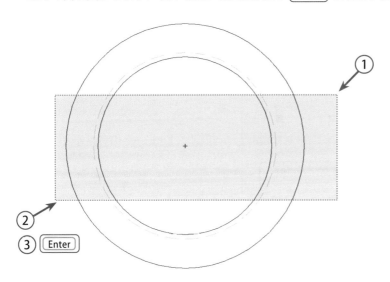

重なって表示されますが、3つの「直径寸法拘束」と中心点の「一致拘束」が定義されます。

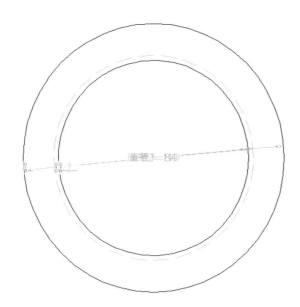

右側のパネルから「パラメータマネージャー」パネルを開きます。

「2D 寸法拘束」の山括弧をクリックすると、自動定義された 3 つの直径寸法が確認できます。

「式」に「名前」を組み込んだ計算式にすることで、寸法を連動できます。

今回は「84」を「直径 3+4」、「110」を「直径 3+30」と設定しました。

「直径 3」の値を変更すると、計算式に従って「直径 1」、「直径 2」の値が再計算され、図形も変更されます。

「2D 幾何拘束」と「2D 寸法拘束」をそれぞれ、[全てを非表示] で非表示にします。

■ 側面図の作成

高さを一致させるために補助線を作成し、側面図の上半分を作成します。

ツールバーの「画層コントロール」で「補助線」に切り替えます。

　右クリックのクワッドから [線分] を実行します。中心点を選択し、「500 Tab 」で長さを設定し、赤い水平のガイドが表示される箇所を選択し水平線を描き、Enter で完了します。

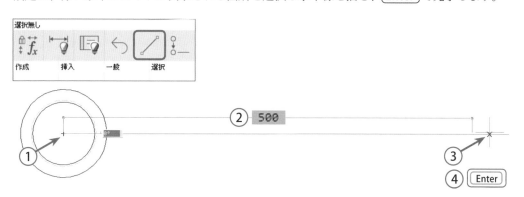

　[ホーム] タブの [修正] - [オフセット] を実行し、コマンドラインの「通過点 (T)」を選択します。

中心点に作成した補助線を選択し、コマンドラインの「連続 (M)」を選択します。

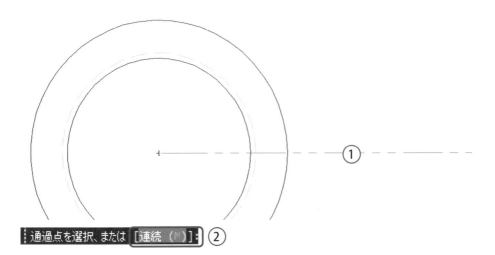

円の頂点に「四半円点」が表示されるのを確認して、選択します。

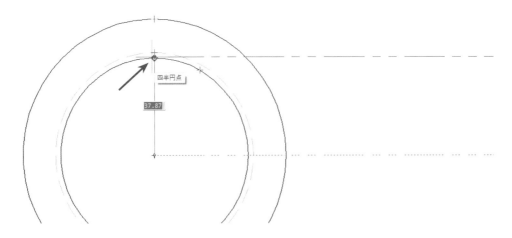

そのまま、残りの2つの円も四半円点にもオフセットで補助線を作成し、Enter を2回押して完了します。

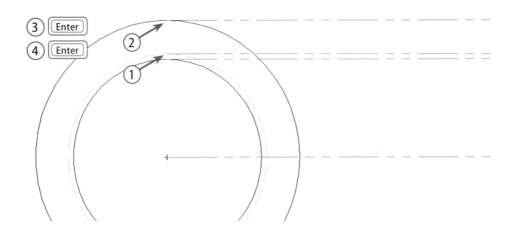

［パラメトリック］タブに切り替え、［パラメトリックブロック］-［2D 自動拘束］を実行します。

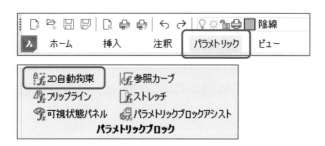

補助線と円の中心も含めるように範囲選択し、(Enter)で確定します。

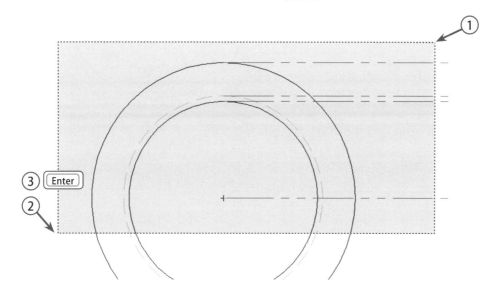

［2D 幾何拘束］-［水平］で上 3 本の補助線に「水平」の拘束を追加します。

水平の拘束は、1 本選択すると自動でコマンドが終了するので、(Enter)で再実行を繰り返します。

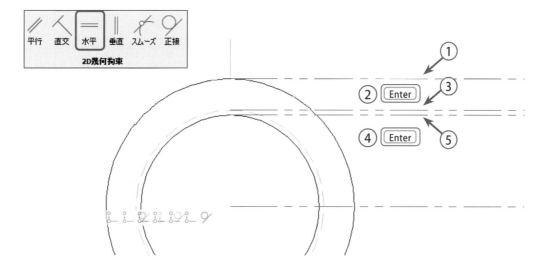

中心点を基準点と一致させて、全体を移動します。

［2D 幾何拘束］-［一致］で円の中心点と基準点を選択します。

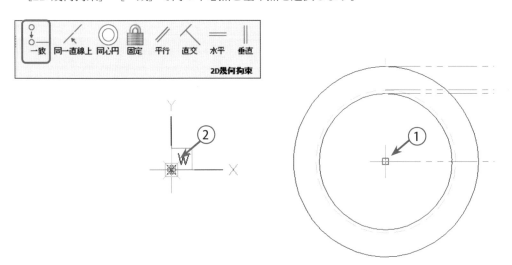

中心点と基準点が一致し、全体が移動した状態になります。

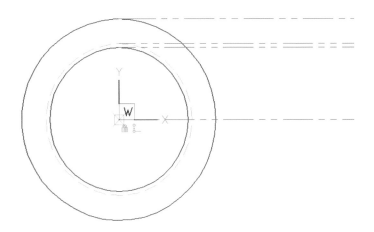

ツールバーの「画層コントロール」で「実線」に切り替えます。

右クリックのクワッドから［線分］を実行します。

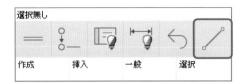

以下のように3本の線分を作成します。

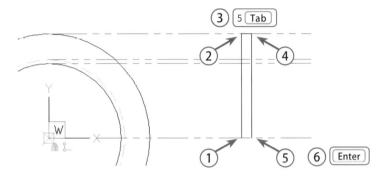

　［Enter］で再度［線分］を実行し、上から2本目の補助線をなぞるように、100 mmの水平線を1本作成します。

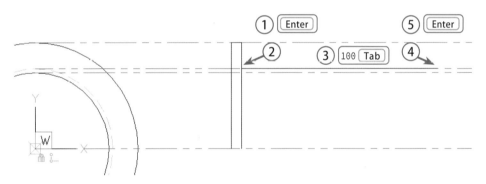

　［Enter］で再度［線分］を実行し、3本の線分を作成します。

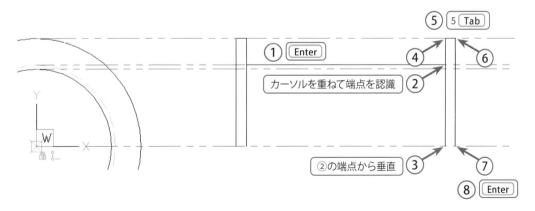

ツールバーの「画層コントロール」で「陰線」に切り替えます。

右クリックのクワッドから［線分］を実行し、上から3本目の補助線をなぞるように水平線を1本作成します。

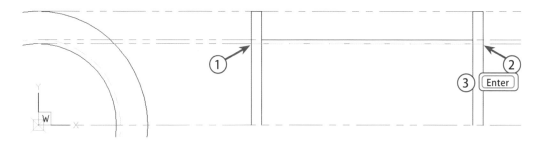

［パラメトリックブロック］-［2D自動拘束］を実行し、側面図の上半分を右から範囲選択し、Enterで確定します。

これによって、正面図・補助線と連動するようになります。

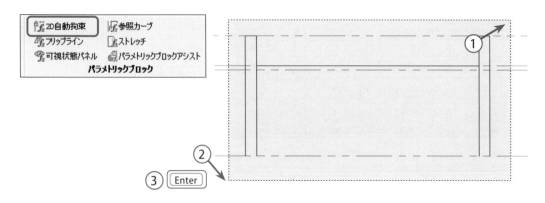

■ 断面図の作成

側面図上半分をコピーして、断面図を作成します。

何もコマンドを実行していない状態で、左から範囲選択をします。

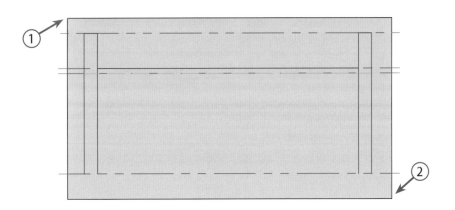

右クリックのクワッドから［マニピュレート］を実行します。

マニピュレータが表示されるので、水平の黄色のバーを選択し、コマンドラインから「複写 (C)」を選択します。

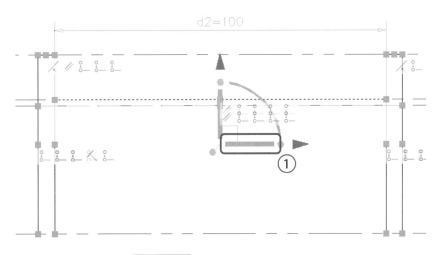

　重ならない任意の位置をクリックし、コピーします。[Enter]で完了し、[Esc]で選択解除します。

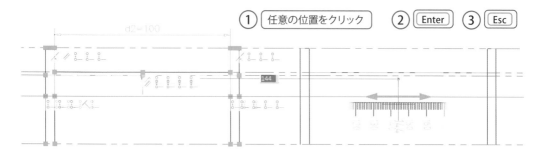

　ツールバーの「画層コントロール」を開き、「補助線」画層の電球アイコンをクリックして非表示にします。

　穴の陰線を選択し、ツールバーの「画層コントロール」で「実線」を選択します。

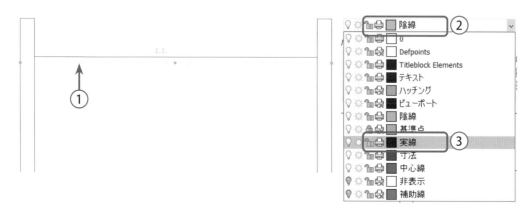

[Esc]で選択を解除して、実線に切り替わっていることを確認します。

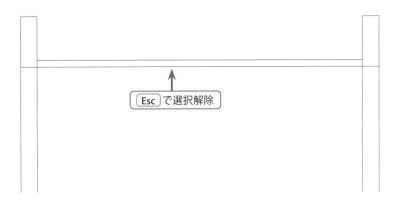

不要な線を削除します。

［ホーム］タブの［修正］-［トリム］を実行し、オプションの「ENTER で全ての図形を選択」を実行します。

削除する線を右から左で範囲選択します。

必要な線のみに修正できました。

断面図も正面図・補助線と連動させるために、ツールバーの「画層コントロール」で「補助線」
を再表示します。

［パラメトリックブロック］-［2D自動拘束］を実行し、断面図の上半分を右から範囲選択し、
Enterで確定します。

これによって、正面図・補助線と連動するようになります。

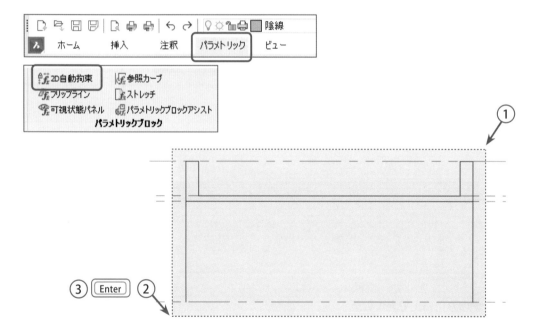

「パラメータマネージャー」パネルで「直径3」を「80」に修正すると、正面図・側面図・断面図が全て連動して変更されることが確認できます。

断面部分をハッチングで塗りつぶします。

ツールバーの「画層コントロール」で「補助線」を非表示にし、「ハッチング」に切り替えます。

［ホーム］タブの［作成(2D)］-［ハッチング］を実行します。

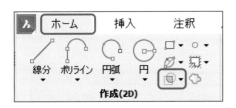

　[境界] - [境界内の点をピック] を実行し、ハッチングしたいエリアをクリックすると、囲われたエリアが認識され、ハッチングパターンが作成されます。

　Enter で選択を完了し、[OK] ボタンをクリックします。

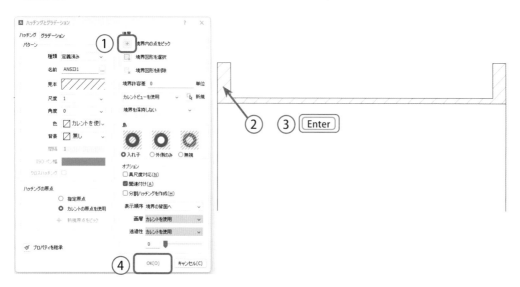

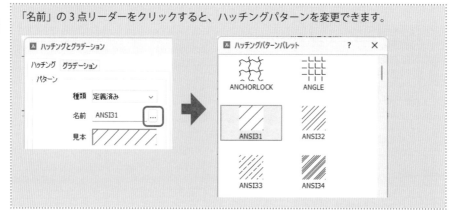

「名前」の3点リーダーをクリックすると、ハッチングパターンを変更できます。

■ 側面図・断面図のミラーコピー

　側面図・断面図の上半分ができたので、ミラーコピーして、下半分を作成します。

　側面図・断面図の上半分を範囲選択します。

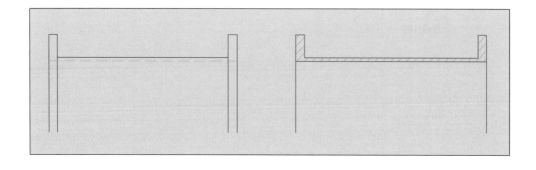

　クワッドから［マニピュレート］を実行し、上向きの青い三角形を選択し、コマンドラインの「複写 (C)」を選択します。

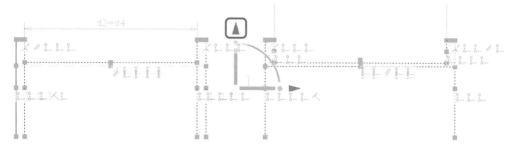

　中心の端点を選択し、[Enter]でミラーコピー完了します。[Esc]で選択解除します。

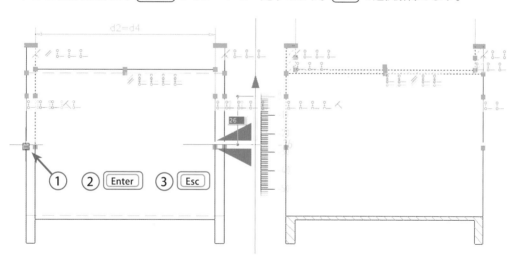

　側面図・断面図の完成です。

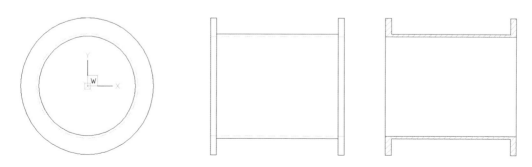

■ 寸法の作成

［注釈］-［寸法記入］で以下のように寸法を付けます。

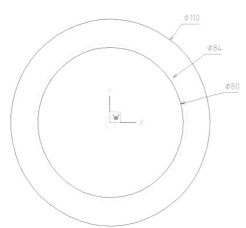

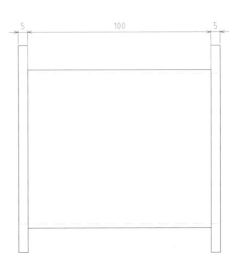

点を認識しているか、線分を認識しているかで動作が異なります。

円に対する直径寸法は線を認識させます。

円が破線表示になったら選択し、配置位置をクリックします。

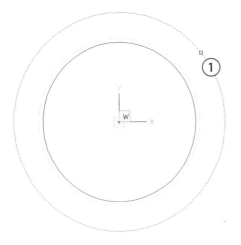

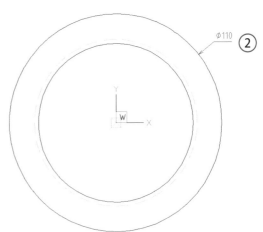

他の円の寸法も同様に線を認識させて配置します。

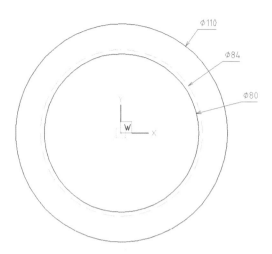

点を選択する場合は、必ず2点を選択し、配置位置を選択します。

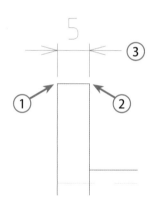

どちらの方法でも構わないので、他の直線にも寸法を配置します。

寸法の配置ができました。

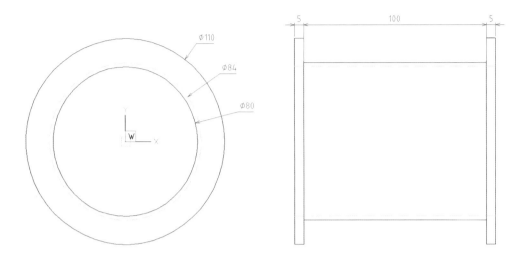

■ 中心線、中心マークの作成

ツールバーの「画層コントロール」で「中心線」に切り替えます。

[注釈] タブの [中心線] - [中心マーク] を実行し、Φ110mm の円を選択します。

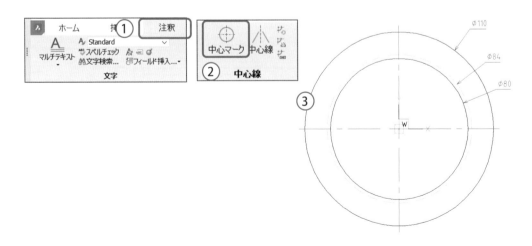

［中心線］-［中心線］を実行し、側面図と断面図のΦ 80 mm のエッジを選択します。

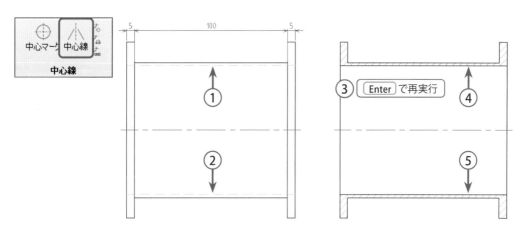

ブッシュ図面の完成です。

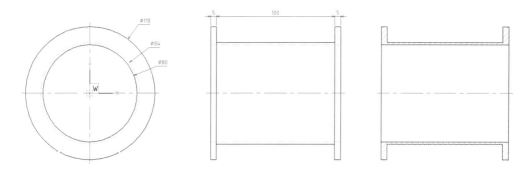

　ツールバーの［上書き保存］をクリックし、任意の場所に「軸受」フォルダを作成し、ファイル名「軸受ブッシュ」として保存します。

3-1-3 軸受—組図—

次の内容を学びます。

- 別ファイルの参照
- 部分的な表示（クリップ）
- 設計変更によるファイルの更新
- 隠線処理

■ **この節の流れ**

3つのファイルを組み合わせます。

組図から部品ファイルを設計変更します。

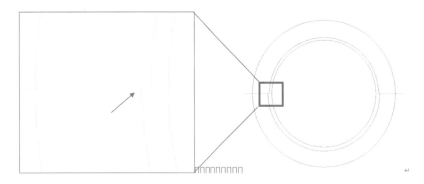

組図として隠線処理します。

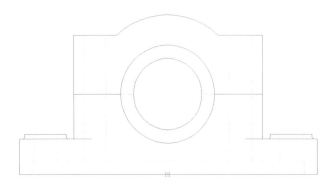

■ 本体図面の参照読み込み（外部参照）

「テンプレート」に「製造テンプレート」が設定されていることを確認し、「新しい図面」を選択します。

ここまで作成した部品図面を参照して、組図を作成します。

［挿入］タブの［参照］-［外部参照をアタッチ］を選択します。

「参照ファイルを選択」ダイアログで、「軸受本体」を選択し、開きます。

「外部参照アタッチ」ダイアログで、そのまま［OK］ボタンをクリックします。

配置位置として、基準点を選択します。

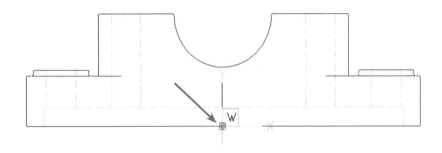

［参照］-［外部参照クリップ］を実行し、必要なエリアのみ抽出します。
取り込んだ本体を選択し、(Enter)で確定します。

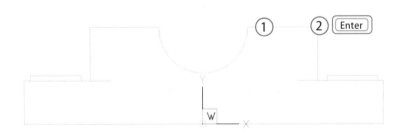

コマンドラインから「新規境界（N）」を選択、続けて「矩形状（R）」を選択します。
抽出する範囲を2点選択します。

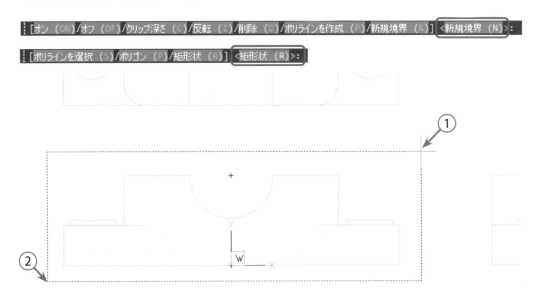

ツールバーの「画層コントロール」で「軸受本体 | 基準点」を非表示に切り替えます。

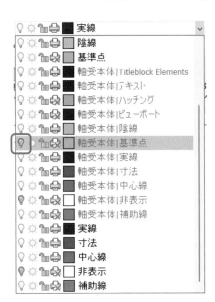

■ ブッシュ図面の参照読み込み（外部参照）

[挿入]タブの[参照]-[外部参照をアタッチ]を実行し、「参照ファイルを選択」ダイアログで「軸受ブッシュ」を選択し、開きます。

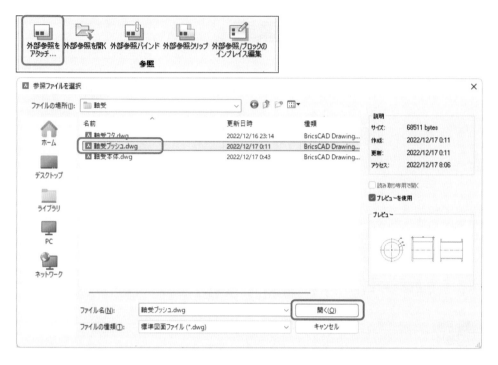

「外部参照アタッチ」ダイアログで、そのまま[OK]ボタンをクリックします。

配置位置として、本体の円弧の中心点を選択します。

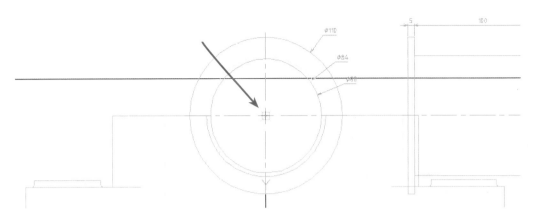

[参照]-[外部参照クリップ]を実行し、取り込んだブッシュを選択し、Enter で確定します。

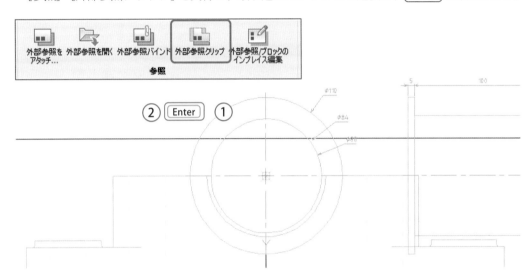

コマンドラインから「新規境界 (N)」を選択、続けて「矩形状 (R)」を選択します。

抽出する範囲を2点選択します。

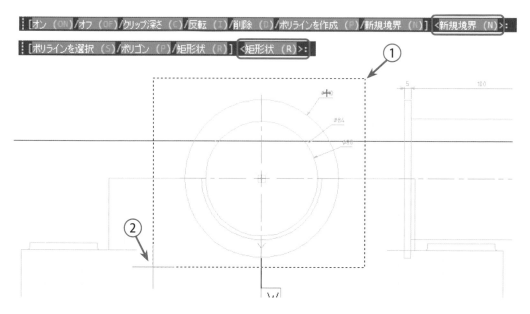

ツールバーの「画層コントロール」で「軸受ブッシュ｜基準点」、「軸受ブッシュ｜寸法」、「軸受ブッシュ｜中心線」を非表示に切り替えます。

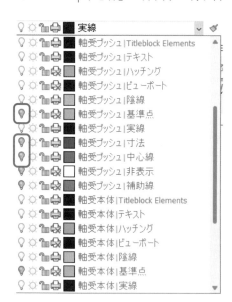

■ フタ図面の参照読み込み（外部参照）

［参照］−［外部参照をアタッチ］を選択します。

「参照ファイルを選択」ダイアログで、「軸受フタ」を選択し、開きます。

「外部参照アタッチ」ダイアログで、そのまま［OK］ボタンをクリックします。

配置位置として、ブッシュの中心点を選択します。

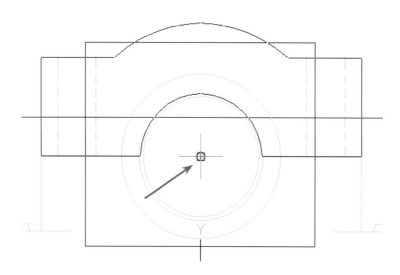

［参照］-［外部参照クリップ］を実行し、必要なエリアのみ抽出します。
取り込んだ本体を選択し、[Enter]で確定します。

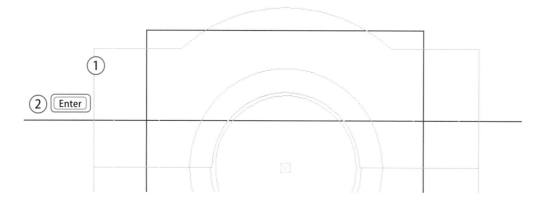

コマンドラインから「新規境界 (N)」を選択、続けて「矩形状 (R)」を選択します。

抽出する範囲を2点選択します。

[オン (ON)/オフ (OF)/クリップ深さ (C)/反転 (I)/削除 (D)/ポリラインを作成 (P)/新規境界 (N)] <新規境界 (N)>:

[ポリラインを選択 (S)/ポリゴン (P)/矩形状 (R)] <矩形状 (R)>:

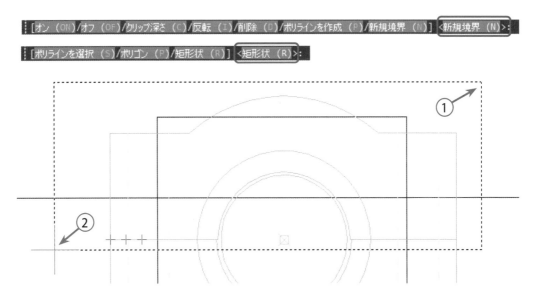

ツールバーの「画層コントロール」で「軸受フタ | 基準点」、「軸受フタ | 寸法」を非表示に切り替えます。

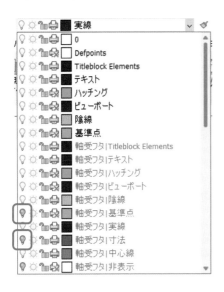

クリップ枠を非表示にします。

コマンドラインに「XCLIPFRAME」と入力し Enter で確定します。

「XCLIPFRAME の新しいカレント値」に「0」と入力し Enter で確定します。

3つの部品ファイルが組み合わさりました。

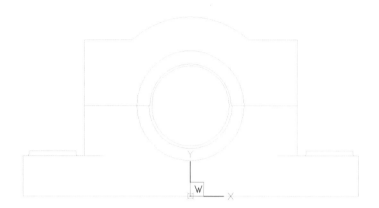

■ 部品ファイルの設計変更

3つのファイルを組み合わせましたが、本体の円弧部分の寸法が間違って広くなっており、ずれているため設計変更します。

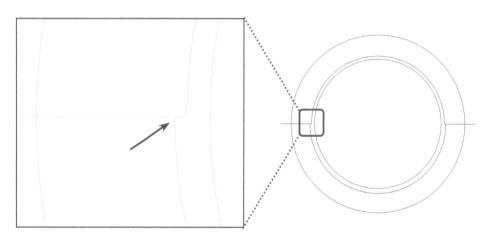

［参照］-［外部参照 / ブロックのインプレイス編集］を実行し、本体の線を選択します。

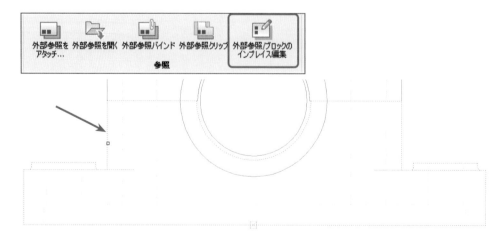

「外部参照編集」ダイアログが表示されますので、そのまま［OK］ボタンをクリックします。

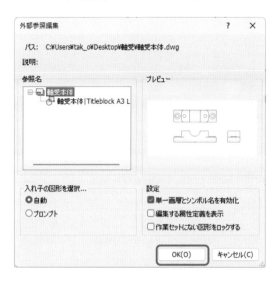

本体のクリップが解除され、線が濃くなり、編集モードに切り替わります。

［ホーム］タブの［修正］-［オフセット］を実行し、円弧を選択し、フタの円弧の端点を選択します。

[Enter] で完了します。

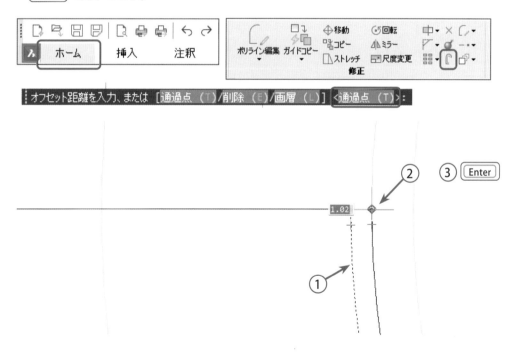

もともとの円弧を選択し、（Delete）で削除します。

水平線と円弧の隙間を調整します。水平線を選択し、グリップ（緑色の四角）をクリック、続けて作成した円弧の端点を選択します。右側も同様に隙間をグリップで調整します。

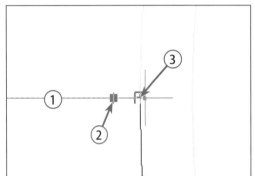
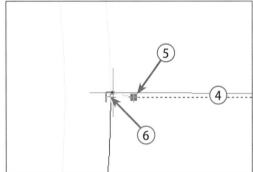

修正ができたので、［参照編集］タブの［参照編集］-［変更を保存］を実行します。

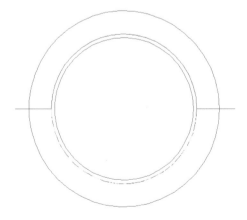

■ 組図の陰線処理

　参照ファイルは保存状態を読み込んでいるため、部品の重なりによる陰線処理は自動でできません。

　そのため、陰線処理として組図ファイルで部品ファイルの線分を利用して陰線作成を行います。

　ツールバーの「画層コントロール」で「陰線」に切り替えます。

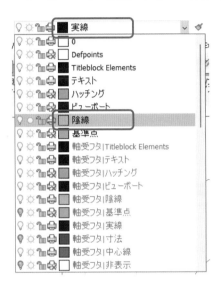

　[ホーム] タブの ［作成 (2D)］ - ［線分］でブッシュに隠れる部分をなぞります。

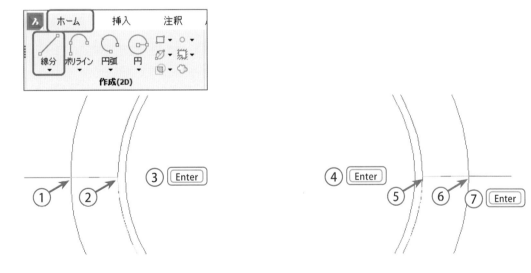

もともとの線が表示されているため、クリップ枠をポリラインで作成して、置き換えます。
ツールバーの「画層コントロール」で「補助線」に切り替えます。

［作成 (2D)］-［ポリライン］を実行し、以下のポリラインを作成します。

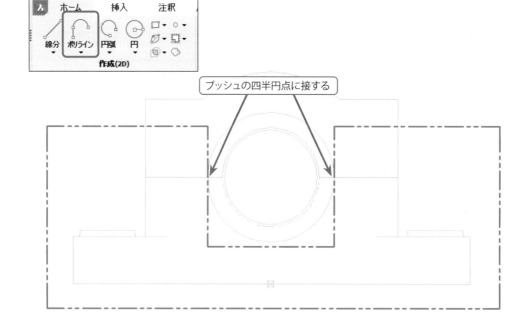

ブッシュの四半円点に接する

［挿入］タブの［参照］-［外部参照クリップ］を実行します。

本体を選択し、[Enter]で確定します。

コマンドラインから「新規境界 (N)」、「はい (Y)」、「ポリラインを選択 (S)」の順に選択し、ポリラインを選択します。

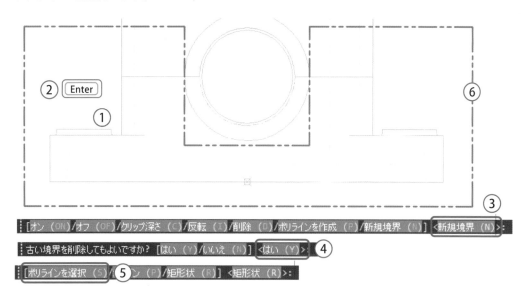

ポリラインを選択し、ツールバーの「画層コントロール」で「非表示」へ移動させます。

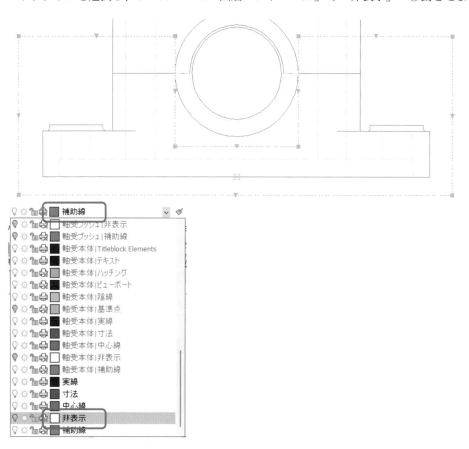

フタも同様にクリップを修正します。

［作成 (2D)］-［ポリライン］を実行し、以下のポリラインを作成します。

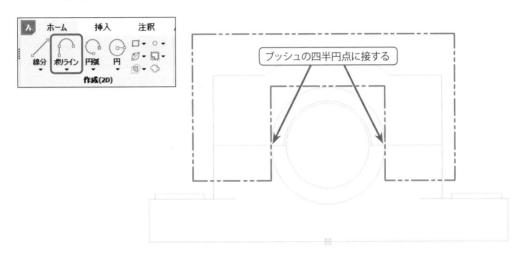

ブッシュの四半円点に接する

［挿入］タブの［参照］-［外部参照クリップ］を実行します。

本体を選択し、Enter で確定します。

コマンドラインから「新規境界 (N)」、「はい (Y)」、「ポリラインを選択 (S)」の順に選択し、ポリラインを選択します。

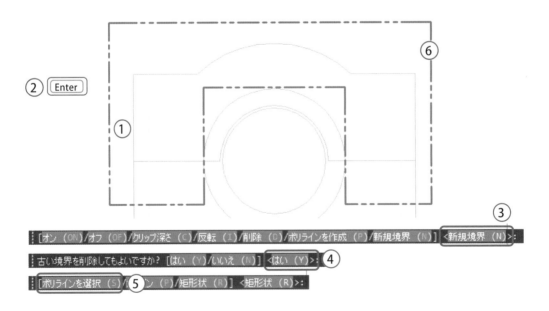

ポリラインを選択し、ツールバーの「画層コントロール」で「非表示」へ移動させます。

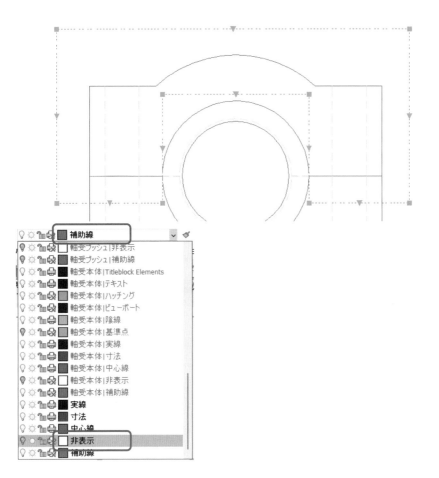

組図の完成です。

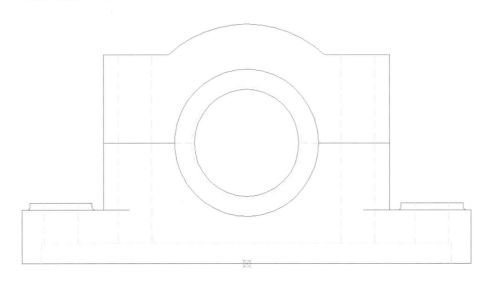

3-2 建築平面図の作図

3-2-1 この項の流れ

　この章では建築の平面図を作図しながら、「ガイドコピー」、「ブロック配置」、「マルチライン」、「ハッチング」、「文字・寸法記入」、「トリムと延長」、「フィールドを活用した面積の挿入」など、さまざまな機能を学びます。

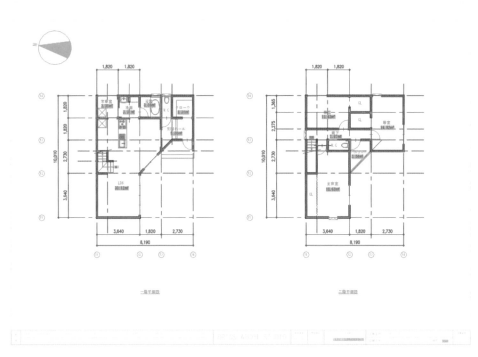

「通り芯と壁の作成」では、建築設計の基準となる通り芯（基準線）と通り芯に対して複数ラインで壁を作成する方法と「寸法記入」、図面編集で多用される「オフセット」と「トリムと延長」を学びます。

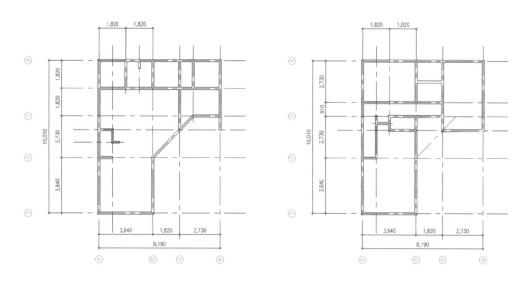

「建具・開口部の配置」では、BricsCADの強力で特徴的な機能である「ガイドコピー」機能と「ダイナミック入力」、「パラメトリックブロックの使い方」、「ハッチング」を学びます。

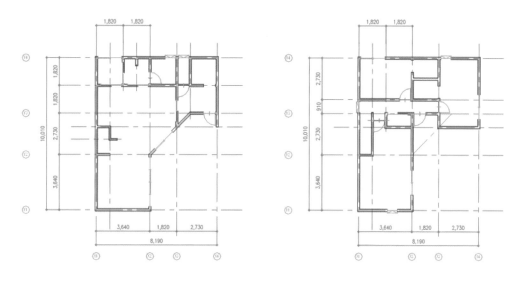

　「造作の作図と設備の配置」では、等間隔に並んだ図形を作成する「オフセットのオプション」、「マルチ引き出し線」、「配列」、「スナップトラックの使い方」を学びます。

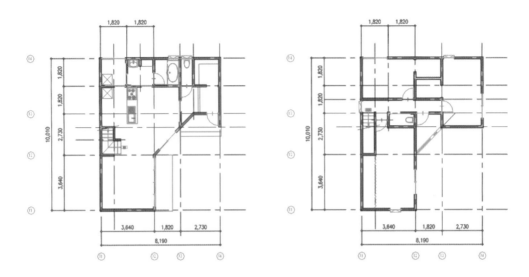

　「部屋名と面積の配置」ではテキスト設定である「文字スタイル」の作成方法や、「図形から情報を読み取りテキストを配置する方法」を学びます。

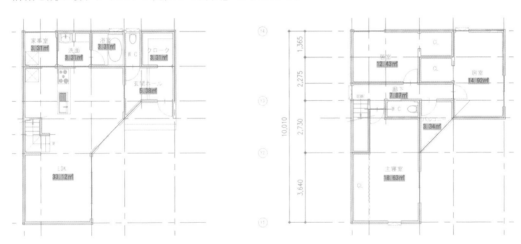

　「図面の仕上げ」では、「属性情報付きブロック」、「名前削除と監査」を学びます。「図面の仕上げ」では、領域をパターンで塗りつぶす「ハッチング」、「属性情報付きブロック」、「名前削除と監査・修復」を学びます。

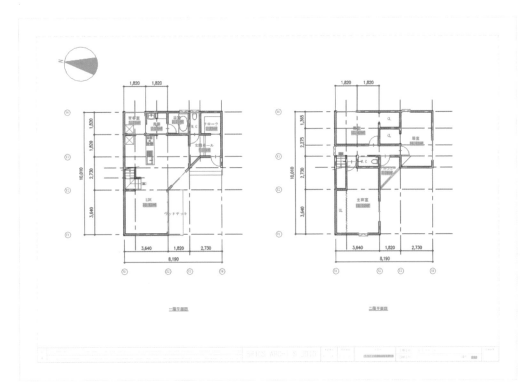

3-2-2 通り芯と壁の作成

この項では通り芯と壁を作図しながら次の内容を学びます。

● 直交モードの切り替え
● 通り芯の作成（複写）通り芯の作成（複写・オフセット・ストレッチ）
● 壁の作成（マルチライン）
● 線の編集（分解、トリムと延長）

「平面図テンプレート」のテンプレートファイルを使用して新規図面を始めます。
　テンプレートには、この章で作図するための設定やブロックなどのデータが含まれている状態になっています。

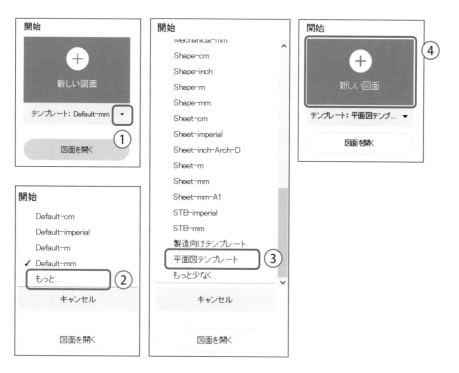

● 直交モードと図形スナップを有効

ステータスバーの［直交］と［図形スナップ］をクリックし、オンに切り替えます。

直交モードの ON/OFF は F8 、図形スナップの ON/OFF は F3 でも切り替えることができます。
　図形スナップは、端点、交点、垂線を最低限は有効にしておきます。

■ 通り芯の作成

　テンプレートにはあらかじめ X1 と Y1 の通り芯符号が作成されています。通り芯符号から基準となる X1 の通り芯と符号を作成します。作成された通り芯と符号を、複写機能を使用して X 方向に図の寸法で複写します。

　同様の流れで Y 通りの通り芯と符号を作成します。

　次図のように、X1 通りの通り芯線と通り符号を囲む形で、左下（①）と右上（②）の 2 点指示をして選択します。選択できたらハイライト（点線）表示されます。

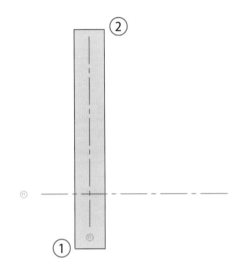

　[ホーム] タブの [修正] パネルから [コピー] をクリックして実行します。

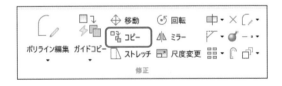

　コマンドウィンドウの表示を確認して、「カレントのコピーモード」のメッセージが「連続 (M)」になっていることを確認します。「単一 (S)」になっている場合は、「モード　(0)」オプションをクリックして「連続 (M)」に変更します。

　「基点を指示 [移動距離　(D) / モード　(0)] < 移動距離　(D)>:」で、コピーの基点となる任意の位置をクリックします。この指示は図形上、図形から離れている位置、どちらでも構いません。

「2 点目を入力、または［配列複写（A）］＜移動距離として基点を使用＞:」で、マウスカーソルを右方向に移動します。このとき、基点とカーソル間のガイド線が水平垂直に拘束されていない状態の場合は、ステータスバーの「直交」欄を確認して、直交モードを ON にします。

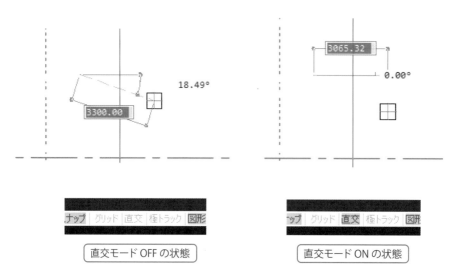

直交モード OFF の状態   直交モード ON の状態

直交モードが ON になったら X 方向の距離で指定する準備ができたので、通り芯 X1 から X2 の距離「3640 Enter 」を入力します。

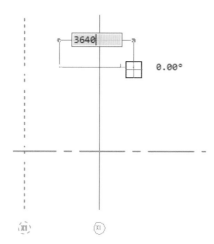

続けて X3、X4 の通りを下図の距離でコピーします。

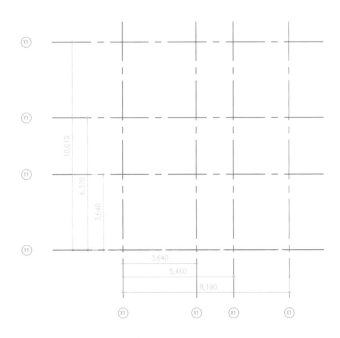

X 通りと同様な流れで、Y 通りもコピー機能で上方向にコピーしていきます。これで、メインになる通り芯のコピーが完了しました。

次に、通り芯符号の内容を更新します。

まず、[Ctrl]＋[1] を押すか BricsCAD のウィンドウ上にある「プロパティ管理」ボタンをクリックして、プロパティパネルを表示しておきます。

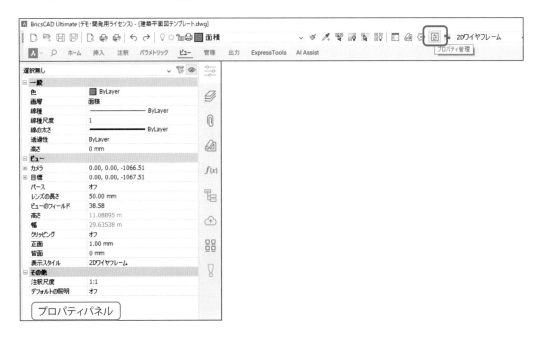

X2 通りにあたる符号の図形を選択すると、通り符号ブロックのプロパティが表示されます。プロパティの「属性」グループに「No」という項目があるので、そこをクリックして編集状態にします。「X2 **Enter**」を入力すると、符号の表記が X2 に変わります。

同様な手順で、残りの X3、X4、Y2、Y3、Y4 も編集します。

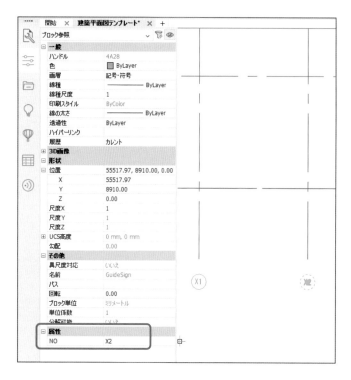

メインになる通り芯を作成したら、オフセット機能を使用して下図の緑色で示した細かな通りの通り芯を作図します。オフセットの距離は黄色で示した距離を使用します。

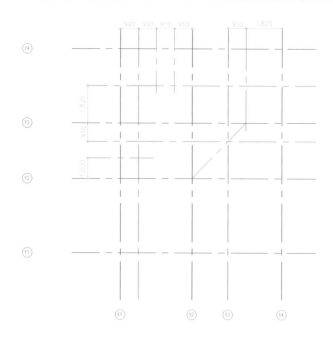

※緑の通り芯と黄色い寸法は説明用です。実際は赤い通り芯で作成し、黄色い寸法は作成しません。

　例として、X1 と X2 間にある通り芯を作成します。[ホーム] タブの [修正] パネルから [オフセット] を実行します。

　「オフセット距離を入力、または[通過点 (T)／削除 (E)／画層 (L)]<910.00>:」で「910 Enter」を入力します。

　「図形／サブ図形を選択、または [終了 (E)／選択オプション (?)] <終了 (E)>:」で、X1の通り芯を選択します。

　「平行コピーの側を選択、または [両側 (B)／連続 (M)]:」で、「m」オプションを入力またはクリックします。

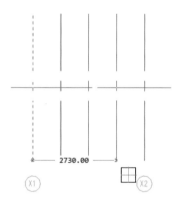

　「次の側を選択、または [終了 (E)] <次の図形／サブ図形>:」で、マウスカーソルを X1 通りの右側に移動して指示します。

2730.00

X1　X2

　指示を繰り返し、3 本の通り芯を作成し、Enter、右クリック、Esc のいずれかで終了します。

ワンポイントアドバイス

オフセットの連続オプションを使うと、同じ方向にオフセットさせる際は距離を加算した形で作成することができます。

同様な手順で、その他のX通り、Y通りの通り芯を作成します。

● 短い通り芯は、ストレッチで短くします。
● 中央付近にある斜めの壁芯は、線分の機能で作図します。
● 直交モードが有効なままでも図形スナップで取れている点の位置が優先される形で作図されます。

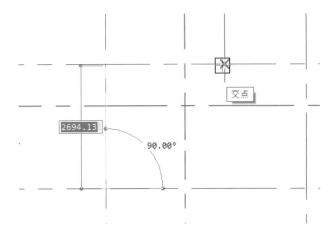

■ 寸法の作成

寸法機能を使用して、X、Yそれぞれの通り芯間と全長の寸法を作図します（黄色の寸法は書籍の説明用ですので作図する必要はありません）。

まず、寸法スタイルを「DIM」に設定します。寸法スタイルは、図面エクスプローラから設定できます。

次に、[注釈]タブの[寸法記入]パネルにある寸法スタイルのプルダウンコントロールから[DIM]を選択します。

次に、寸法が作成される画層を設定します。

「DIMLAYER [Enter]」を入力します。このコマンドは、寸法コマンドで作図して作成された寸法がどの画層に作図されるかを設定します（初期値は現在画層です）。

「DIMLAYER の新しい値、またはカレントを使用 /<"寸法">:」で、現在の設定が「<"寸法">」になっていればそのまま [Enter] で、そうでなければ、「寸法 [Enter]」を入力して寸法画層に作図されるようにします。

図形スナップオブジェクトスナップで端点・交点を有効にした状態にしておきます。

まずはX通りの寸法作成を作図します。

［注釈］タブの［寸法記入］パネルから［長さ寸法］のアイコンを実行します。

X1とX2の通り芯端点（①、②）を指示してから寸法の配置位置（③）を指示します。

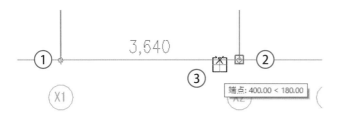

次に、直列寸法をクリックします。直列寸法は、既存の寸法と同じ並びで寸法を作成する機能です。

直列寸法を実行すると、直前に作成した寸法の続きから寸法を作成する形になっているので、X3、X4の端点（①、②）を指示し、最後に Esc または右クリックで終了します。

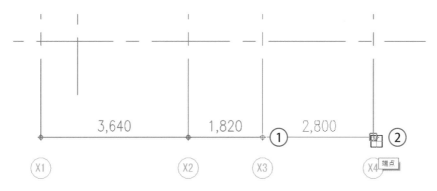

これで、X通りの通り芯各スパンに寸法を作図できました。

　X通りのトータルの寸法とY通りの寸法をそれぞれ同様の流れで長さ寸法と直列寸法を使用して作成していきます。

　寸法作図の最後に、X、Yの通り芯符号をダブルクリックして、通りの番号を編集します。

> 通り芯符号は属性定義付きのブロックファイルとして作成されています。
> 属性定義をブロックに含めると、編集可能な文字のあるブロックとして利用できます。

　完成すると下図のようになります。

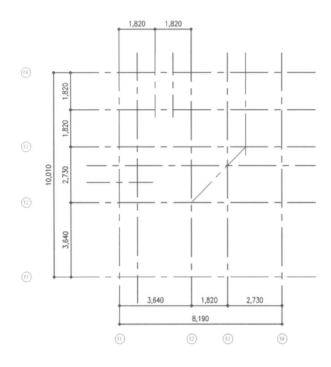

　一階の通り芯を作図し終わったら、作図した「1階平面図」をすべて右側に複写します。

複写した文字をダブルクリックして、「2階平面図」に編集します。

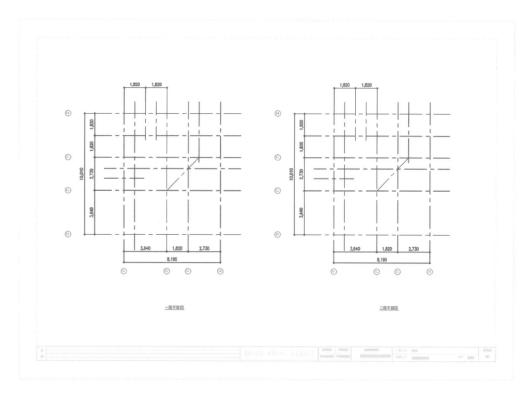

　コピー後に2階の通り芯と寸法を下図に示した形で調整します。青で示した通り芯は削除し、緑の通り芯と寸法は移動または追加するものです。

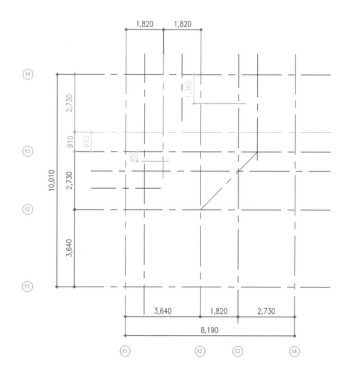

Y3、Y4 間にある通り芯の位置は下に移動して編集します。このとき、ストレッチを使用して移動すると効率的に編集できます。[ホーム] タブの [修正] パネルから [ストレッチ] 機能を実行します。

通り芯と寸法の端点を囲む形で、右上、左下の順に指示して交差選択して Enter で確定します。

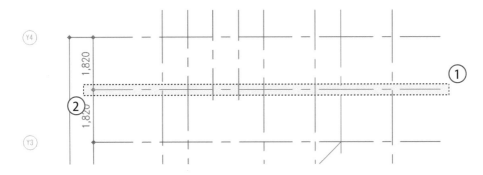

基点を適当な位置で指示したら、マウスカーソルを下方向に移動して距離を「910 Enter」で入力します。

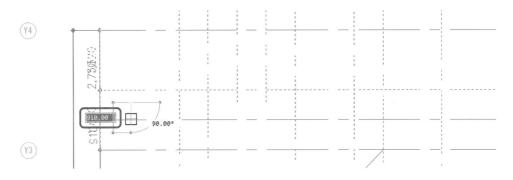

これで、寸法と通り芯を一括で移動することができました。

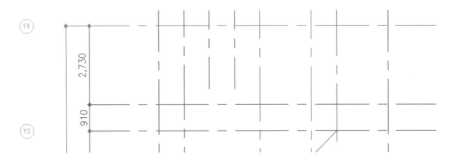

　その他の通り芯はオフセットの機能を使用して作図し、長い通り芯を短くするのは、ストレッチまたは図形を選択すると表示されるグリップを移動して編集します。

　最終的に2階の通り芯は下図のようにします。

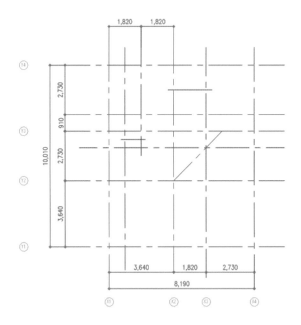

　通り芯と寸法を書き終えたら、通り芯、寸法、記号・符号の画層をロックします。画層のロックはツールバーの「画層コントロール」のリストから、それぞれの画層のカギアイコンをクリックします。

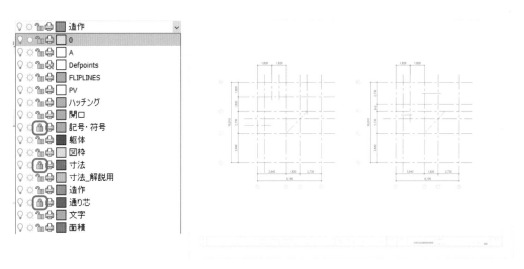

画層をロックしておくと不用意に移動・コピーされることを防ぐことができます。また、ロックされた画層の図形は、薄く表示されます。

■ 壁の作成

壁の作図では、「マルチライン」と「類似を選択」の機能を学びます。

現在画層を「躯体」に変更して、マルチラインの機能を実行します。

［ホーム］タブの［線分］の文字部分をクリックし、［マルチライン］の機能を実行します。

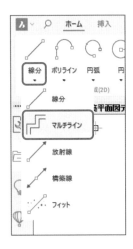

「ラインの始点、または［位置合わせ（J)/尺度（S)/スタイル（ST)/フォロー（F)］<終点>:」で、「位置合わせ（J)」オプションを「ゼロ」、「尺度（S)」オプションを「150」にセットします（テンプレートで用意しているマルチラインスタイルは幅1で設定しているため、尺度150は壁厚150を意味します）。

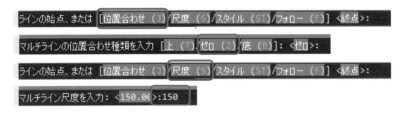

マルチラインスタイルを設定することで、多重線を作成することができます。今回は二重線
で作図していますが、線種の異なる四重線のスタイルを設定して作図するといったこともで
きます。

また、本書の作図内容では関係ありませんが、マルチラインの位置合わせ設定は作図する方
向が重要になることがありますので覚えておくとよいでしょう。

下図は、左側が左→右で作図、左側が右→左で作図したものです。位置合わせは上からそれ
ぞれ、上、ゼロ、底となっています。

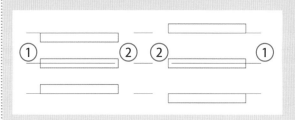

　下図を参考にオブジェクトスナップで交点を有効にした状態にしておき、通り芯の交点を指
示しながら壁を作成します。

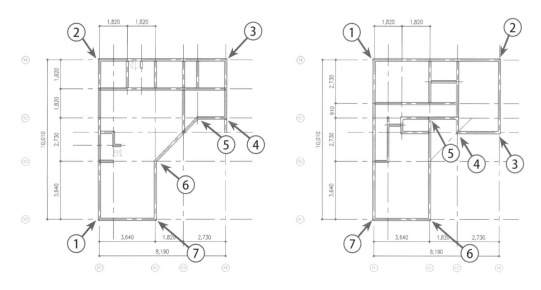

　まずは、外壁にあたる部分を1階と2階それぞれの左下の①から⑦まで順に反時計周りで指
示していきます。

　⑦左上の点を指示したあと、最後に「閉じる（C）」オプションを指定すると、最初の①と繋
がった壁として作図されます。

終点をセット、または ［角度（A）/長さ（L）/フォロー（F）/閉じる（C）/元に戻す（U）］:

間仕切り壁も同様に作成します。

　一筆書きでかけない部分は、壁をそれぞれ別のマルチラインとして作図していきます。

　間仕切りの始点・終点指示はあとで処理するので、通り芯の交点、壁の交点どちらでも構いません。

　1階と2階の壁を作図し終わったら、次の手順で壁のマルチラインを分解して単純な線分に変換します。

● 作図した一つのマルチライン上にカーソルを重ねます（どの部分でも構いません）。

● クワッドが表示されたら、カーソルを［選択］に移動して［類似を選択］をクリックします。

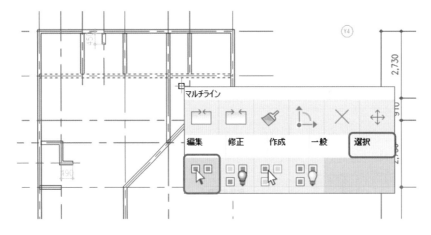

すると、作図したマルチラインがすべて選択されます。

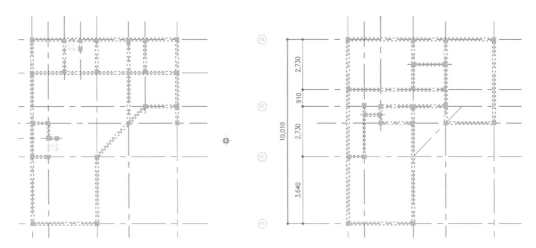

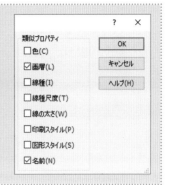

「類似を選択」は、図形の種類のほかに色や線種など、指示した図形と特定のプロパティが同じものを選択する機能です。類似判定に使用するプロパティの内容は、SEオプションで指定します（初期値では画層と（ブロック名などの）名前が同じ種類の図形が有効になっています）。

　マルチラインが選択されたことを確認したら、右クリックでクワッドを表示してカーソルを［修正］に移動し、「分解」機能を実行します。

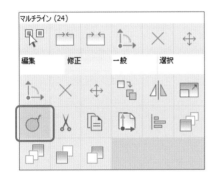

　マルチラインが分解され単純な線分となります。
　壁線のうち交差部分にある不要な部分や足りない部分を「トリム」と「延長」の機能を使用して整えていきます。

　先に、トリミングの作業で邪魔になる通り芯の画層を非表示にします。
　トリム機能を実行後に、［ホーム］タブの［画層管理］パネルにある「画層 OFF」アイコンをクリックします。

「オフに切り替える画層の図形を選択、または ［設定 (S)/元に戻す (U)/選択オプション (?)］:」で、通り芯の図形を一つクリックして [Enter] で確定します。これでトリミングの作業がやりやすい形になりました。

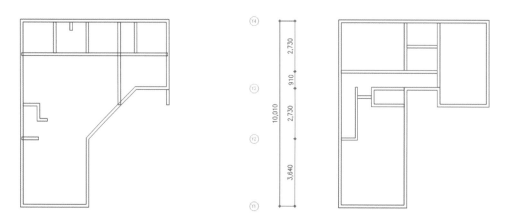

［ホーム］タブの［修正］パネルにある「トリム」機能を実行します。

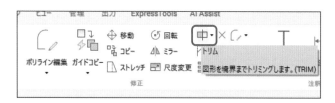

「トリムのカット図形を選択［選択オプション (?)］<ENTER ですべての図形を選択>:」は、[Enter] を押してすべての図形を選択で進めます。こうすると、すべての図形がトリミングのための境界として認識されるので、クリックした点の図形と他の図形の交点でトリミングしていく形になります。

壁の線から不要な部分の線をクリックしてトリミングしていきます。

境界にかからずに削除できない部分は、個別に選択して [Delete] で削除します。

斜めの壁部分の編集は次のようになります。赤矢印がトリミングの指示位置、青矢印が別途で選択して削除する図形です。

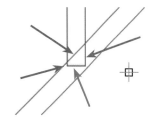
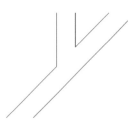

トリムと延長の機能は、[Shift] を押すことで切り替えて使うことができます。つまり、トリム機能の実行中に [Shift] を押したままクリックすると延長機能として動作し、延長機能の実行中に [Shift] を押したまま指示するとトリム機能として動作します。

その他の場所も同様に作業して下図の形に整えます（説明用に通り芯は非表示にしています）。

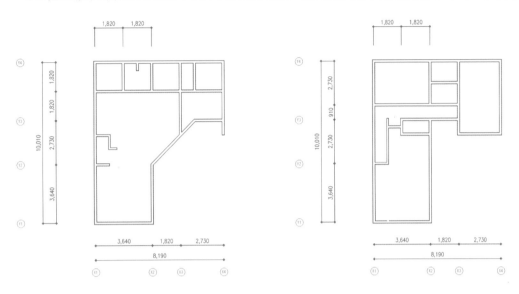

3-2-3 建具・開口部の配置

この項では、建具などの作図をしながら次の内容を学びます。

- BricsCAD の強力で特徴的な機能である「ガイドコピー」
- 同じ図形を繰り返し使用する「ブロック」と「配列」
- 「ダイナミック入力」、「スナップトラック」
- 「ハッチング」

■ 建具と開口部の配置

　建具と開口部の配置では、「ガイドコピー」機能の使い方を学びます。

　本書ではあらかじめテンプレートに建具の図形を用意しており、これを使用して作図していきます。

　建具そのものの作図は基本的な線や円弧の組み合わせで作図できますので割愛します。

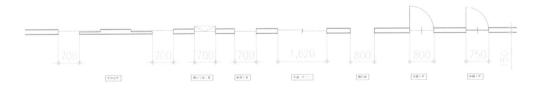

実際の建築設計では、各機器や建具メーカーが用意している CAD データや既存の図面データを使用して図面を作成することが多くあります。流用設計を行うことができる点は CAD を使用した図面作成のメリットの一つです。

図枠外に用意されている建具や開口を「ガイドコピー」の機能を使用して壁に配置していきます。

ガイドコピーでは、窓選択と同様にコピーしたい図形を囲むように選択します。

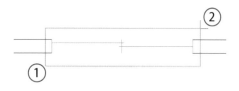

範囲選択の枠に部分的に入っている線は、ガイド線としてコピー時の位置合わせやトリミングする線として認識されます。これにより、壁線がある状態の図形をダイレクトにコピーするだけで、壁の切断と建具の角度合わせを同時に行うことができます。

最終的に以下の図のような形で建具を配置します。

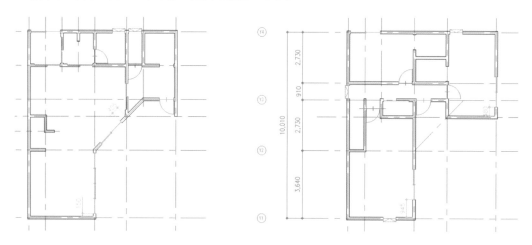

まずは、開口部を配置してガイドコピー機能を実行します。

［ホーム］タブの［修正］パネルから「ガイドコピー」機能をクリックして実行します。

図枠の上に用意された建具の図形から開口部の対角範囲を図のように指示します。

左下→右上、右下→左上など対角方向はどこからでも構いません。

範囲指定時にオレンジ色になる線がコピーされる図形、青色になる線がガイドとして利用される線となります。

　範囲指定が終わると、カーソル位置にコピーされる図形と矢印のガイド線がプレビュー表示されます。

　一階右上にある部屋の下側の壁に開口部を作成してみましょう。

　壁の近くにカーソルを移動すると、コピーする図形が壁に沿った形でフィットして表示されます。このときダイナミック入力が有効になっていると、近くの端点や交点からの距離で位置合わせを指定できるので、右側の壁からの距離を入力します（ダイナミック入力機能は下部のステータスバーにある「ダイナミック」をクリックしてON/OFFできます）。

　ダイナミック入力で表示される複数の入力欄は Tab でフォーカスを切り替えることができますので、右側の距離に入力のフォーカスを合わせて「45」を入力し、Enter で確定します。

　これで開口部が一つできました。

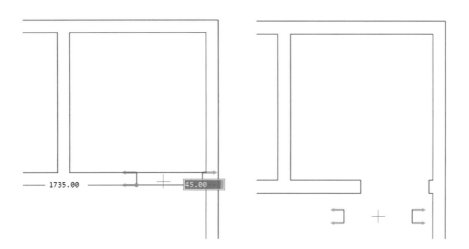

※説明用に通り芯を非表示にしています。

　同じようにして、2階部分にも開口部を2か所作成します。

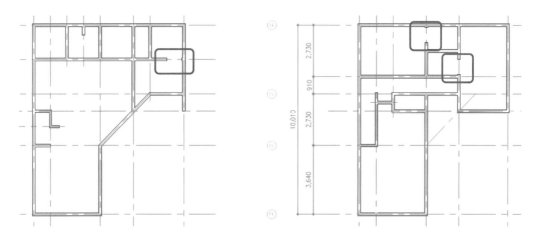

　次に、引き違いサッシと窓もガイドコピー機能を使って配置していきます。開口部のときと同様に、図枠外にある引き違いサッシを囲むように範囲を指示してコピーします。

　それぞれ下図に示した位置で作図していきます。1階2階の左上に配置するサッシは、通り芯の交点を指示します。

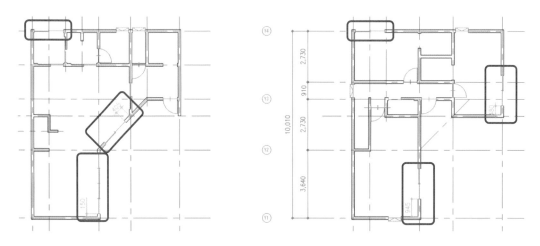

　次に、ガイドコピー機能を実行して縦すべり出し窓を配置していきます。
　開口部のときと同様にガイドコピーを実行し、図枠外にある縦すべり出し窓を囲むように範囲を指示します。

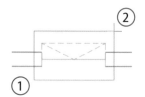

　それぞれ下図に示した位置で作図していきます。配置の際は、窓の内外の方向に気を付けてください。方向は壁上でフィット表示されているときのマウスカーソルの位置で変わります。

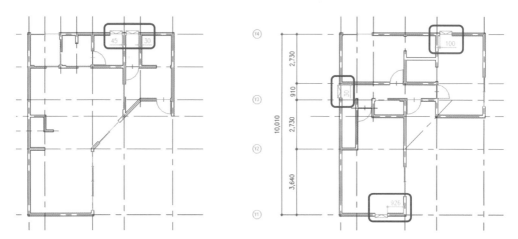

　次に、ガイドコピーを実行して片開き戸のドアを配置していきます。

　開口部のときと同様にガイドコピーを実行し、図枠外にあるドアを囲むように範囲を指示します。

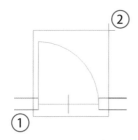

　下図に示した位置にドアを配置していきます。緑枠の場所は幅800、赤枠の場所は幅750のドアを使用します。

　配置の際は、ドアの開く方向に気を付けてください。なお、片開き戸は吊元の方向を考える必要がありますが、今回用意している片開き戸の建具はパラメトリックブロックという形態の建具ブロックとして作成されていますので、吊元は配置後に変更できます。

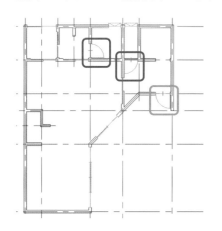
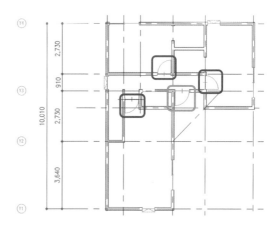

　配置したドアを選択して、プロパティパネルの「パラメータ」の項目にある「反転」の項目を「Fliped」（反転）に切り替えると、ドアの吊元が反転します。「Not Flipded」（反転なし）に切り替えると元に戻ります。

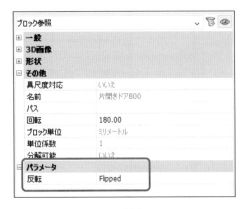

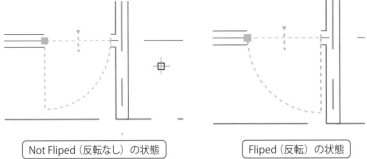

Not Fliped（反転なし）の状態

Fliped（反転）の状態

パラメトリックブロックは自分で作成することができますが、応用的な内容となるため本書では扱いません。パラメトリックブロックの作成方法を学びたい場合は、BricsCAD のヘルプや動画などのウェブサイトを確認してください。

　最後に、ガイドコピーを使って片引込み戸を図の位置に配置します。片開き戸と同様に戸の方向が重要になるので、カーソル位置を移動してプレビューを確認しながら配置します。吊元については配置後にプロパティ設定で必要に応じて変更します。

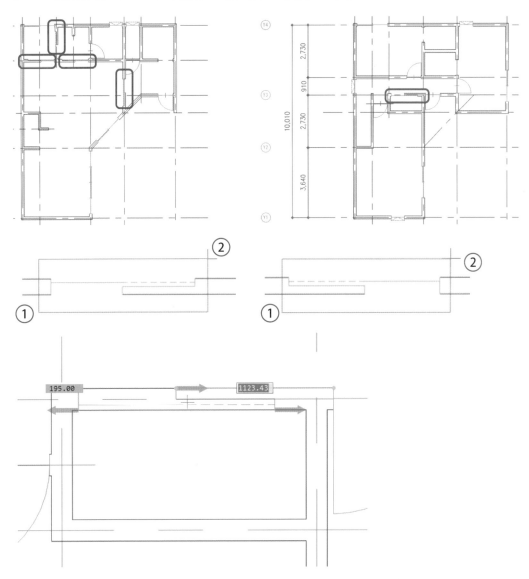

ガイドコピーとガイド移動の機能は、ガイド線と位置関係が合わない部分にはマッチしません。今回作図したものでいうと、壁厚が異なる部分にはマッチしません。この場合、回転やトリミングを行わない通常のコピー機能と同じ形でコピーされることになります。

■ 壁のハッチング

まず、ハッチングを作成しやすい状態にするため、不要な画層を非表示にします。［ホーム］タブの［画層管理］パネルにある「画層選択表示」アイコンをクリックします。

コマンドラインに表示される「カレントの設定」が「ロック画層」になっている場合は、表示をオフする動作に切り替えたいので、「設定（S)」オプションをクリックまたは入力して設定を変更します。

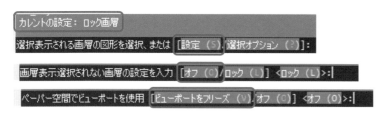

壁とサッシをクリックして Enter で確定します。

壁・開口の画層のみが表示された状態になります。

今回は図枠外にある、RC用のハッチングパターン「JIS_RC_30」を使用します。

「JIS_RC_30」のハッチングをダブルクリックします。

ハッチング
色　　ByLayer
画層　ハッチング
種類　定義済み/JIS_RC_30
面積　1.18 m²

　ハッチング編集のダイアログが表示されるので、ダイアログの内容を図の内容でセットします。

　セットが終わったら、[境界内の点をピック]ボタンをクリックします。

　1階、2階のすべての壁の内側の点を指示していきます。内側の点をクリックすると、閉じた領域にハッチングが掛かります。この時点ではまだプレビューです。

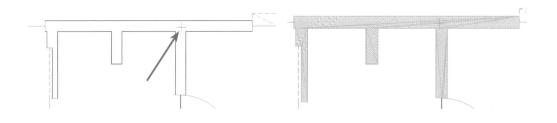

壁全体を指示し終わったら (Enter) または右クリックで確定します。

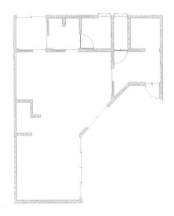

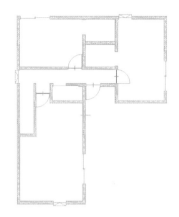

ハッチングのダイアログに戻りますので、［OK］ボタンをクリックして完了します。

［キャンセル］ボタンをクリックすると領域指定からやり直しになるので注意してください。

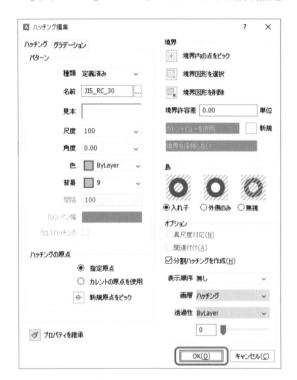

ハッチングパターンの情報は図面ファイル内に保存されているので、他のCADで作成されたデータなどBricsCADのハッチング機能にないパターンが使われている場合でも、図面中にハッチングがあれば今回実践した方法で活用することができます。

3-2-4 造作の作図と設備の配置

造作の作図では、玄関の上り框とクロークの棚、階段を作図しながら、次の項目を学びます。

● オフセットのオプション
● マルチ引き出し線
● 配列
● スナップトラックの使い方

先に、画層を次の状態に設定しておきます。

●「ハッチング」の画層を非表示。
●「記号・符号」、「躯体」、「寸法」、「通り芯」の画層をロック。
● 現在の画層を「造作」にセット。

■ 玄関回りの作図

玄関回りの棚、上り框、玄関アプローチの階段を下図に示した距離で、上り框と棚は線分やオフセット機能を実行して作図します。最終的に右図のようにします。

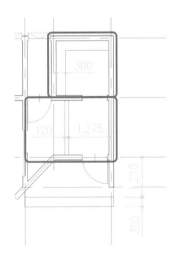
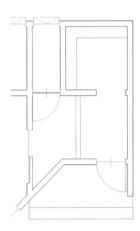

オフセット機能は、標準では選択した図形と同じ画層に作成されますが、別の画層で作図されるように設定できます。

［ホーム］タブの［修正］パネルからオフセット機能を実行します。

「オフセット距離を入力、または ［通過点 (T) / 削除 (E) / 画層 (L)］ <0.0>:」で「画層 (L)」オプションをクリックします。

「オフセット図形の画層を選択しますか？ ［現在の画層 (C) / 元のオブジェクト (S)］ <ソース>:」で、「現在の画層 (C)」をクリックします。

「オフセット距離を入力、または ［通過点 (T) / 削除 (E) / 画層 (L)］ <10.00>:」で、距離「300」を入力します。

壁の線をクリックしてオフセットすると、造作画層の図形が作成されます。矢印で示した部分は、壁の編集時と同様にトリム機能で削除します。

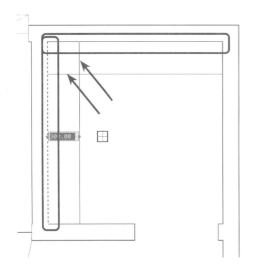
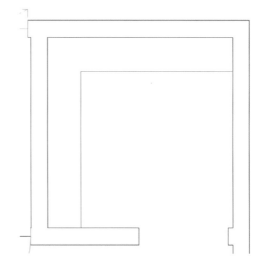

■ 上り框の作図

オフセット機能を実行し、「通過点 (T)」オプションをクリックします。

`オフセット距離を入力、または [通過点 (T)/削除 (E)/画層 (L)] <通過点 (T)>:`

下図の位置の壁線をクリックし、オフセット距離「1275 [Enter]」を入力して、方向を壁の左側に指示します。

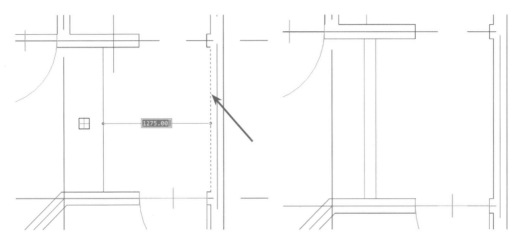

オフセットで作成された線をクリックし、オフセット距離「120 [Enter]」を入力します。左側方向を指示して、[Enter]（右クリック）または [Esc]を押して終了します。

他の部分（玄関外、2階の斜め部分の手すり、折り戸）も同様な形で、壁線や通り芯の線からオフセットや線分の機能で作図して整えます。

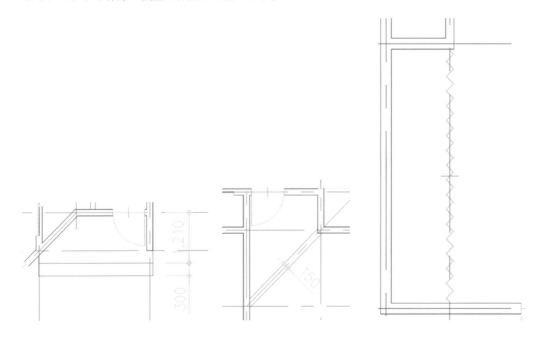

折り戸は、線種を「ZIGZAG」、線種尺度を「0.1」に設定して表現します。

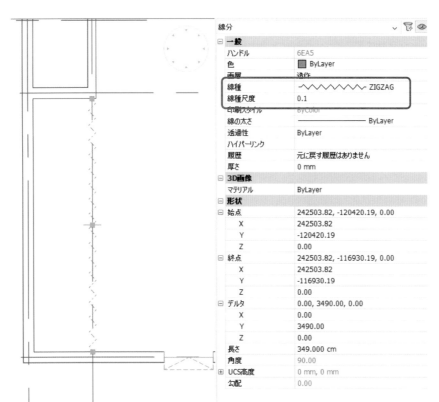

■ 階段の作図

［ホーム］タブの［作図 (2D)］パネルにある「長方形」機能を使用して、階段の一番下になる段板を作図します。

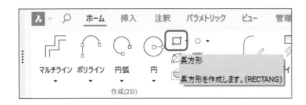

「矩形の最初のコーナーを選択、または [面取り (C) / フィレット (F) / 回転 (R) / 正方形 (S) / 高度 (E) / 厚さ (T) / 線幅 (W) / 面積 (A) / 寸法 (D)]:」で、下図の交点①を指示します。

「矩形のもう一方のコーナー :」で、X 方向を 230、Y 方向を 865 の寸法をダイナミック入力欄に入力します。ダイナミック入力欄の切り替えは Tab で行います。

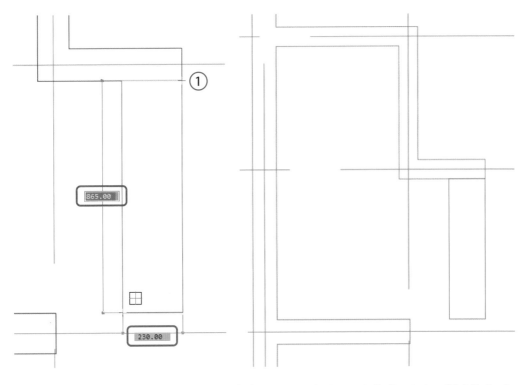

次に、マルチ引き出し線で階段のアップダウンを示す矢印記号を作成します。[注釈] タブの
[引き出し線] パネルから [マルチ引出線スタイル] のアイコンをクリックします。

図面エクスプローラのマルチ引き出し線スタイル欄が表示されるので、「階段用」の行のカレ
ントをクリックしてから [×] ボタンをクリックします。

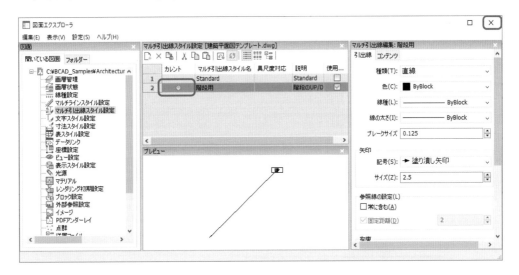

次に、マルチ引き出し線のアイコンをクリックします。

1階の上りを表現するために、次の順で指示していきます。

① 階段途中を始点にして下図のように壁の中点を指示します。

② 作図した段板の中点にカーソルを移動して少しおきます。すると中点に十字のトラックマーカーが表示されます。

③ ①、②で指示した直交位置あたりにカーソルを移動すると、水平垂直の交点がトラックスナップとして表示されます。表示されたらそこでクリックします。

④ 踏板の先の点を指示します。

⑤ 階段から少し離れた水平の位置をクリックしてラベルを配置して Enter で終了します。

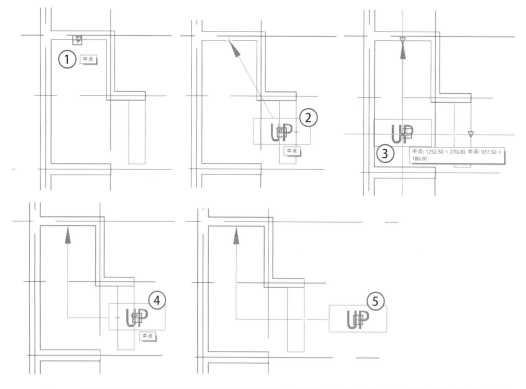

トラックスナップは、図形スナップで取得した十字のトラックマーカー点（図形上で少しおいたままにすると表示されます）と水平・垂直の交差点を指示するのに便利な機能で、補助線を書かずに点を指示することができます。

機能のON/OFFはステータスバーの「スナップトラック」欄のクリックまたは F11 で行えます。

　作図したマルチ引き出し線にカーソルを合わせてクワッドの［修正］から分解機能を実行します。一番上のリストに表示されている場合はそちらのアイコンをクリックでも実行できます。

　分解された引き出し線で、階段からはみ出ている線部分をトリム機能で削除します。

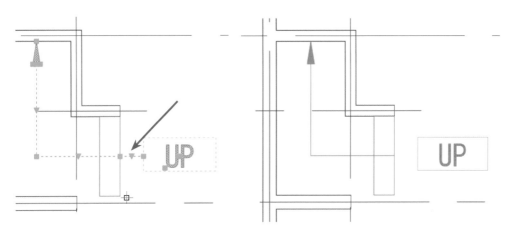

　階段の段板をパス配列機能で作成していきます。

① 「配列複写する図形を選択 [選択オプション（?)]:」で、階段の段板を選択して Enter で
確定します。

② 「曲線パスを選択 [選択オプション（?)]:」で、さきほど分解したマルチ引出線の線をク
リックします。

③ 「[関連付け（AS)/ メソッド（M)/ 基点（B)/ 接線方向（T)/ アイテム（I)/ 行（R)/ レベ
ル（L)/ アイテムの整列（A)/Z 方向 / 終了（X)] ＜終了（X)＞:」を Enter で終了します。

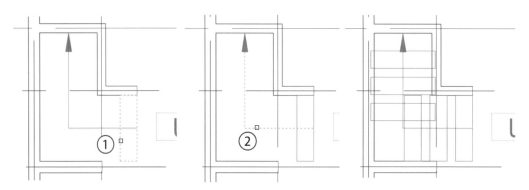

④ Ctrl + 1 を押すか、BricsCAD のウィンドウ上にある [プロパティ管理] ボタンを押して、
プロパティパネルを表示しておきます。

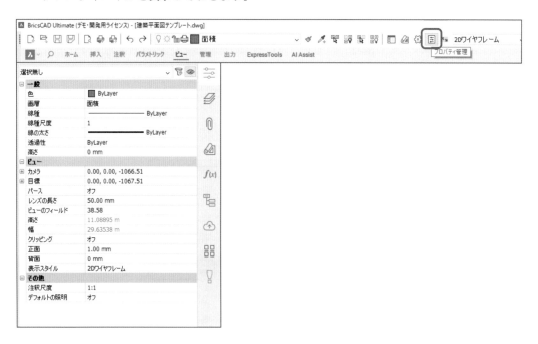

⑤配列図形になった段板を選択します。

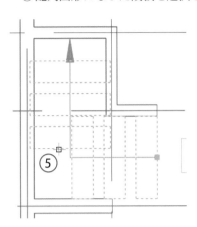

⑥プロパティウィンドウのその他の部分に配列図形で調整可能なパラメータが表示されています。この中で「アイテム間隔」を段板と同じ230にします。これで隙間のない段板を表現できました。

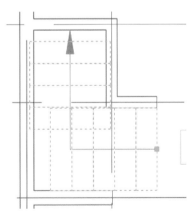

⑦パスで指定した線を選択して、上部の端点にあるグリップをクリック、2階の部分（Y3の通り芯）まで伸ばします。

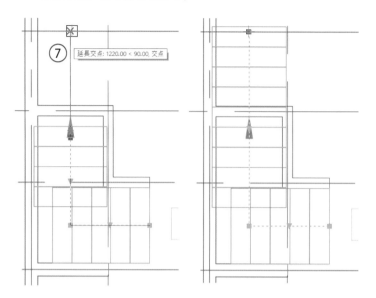

パス指定で配列された図形は、パスの形状が変更されると追従して変化します。
今回の作図では、伸ばした分だけ階段の段板が増えます。

　階段の段板を選択して分解機能で分解します。配列が解除され段板は通常のポリラインになります。

　折れ曲がり部分にある不要な段板を削除して、折れ曲がり先の段板のサイズと位置を移動やストレッチの機能を使用して下図の状態に調整します。

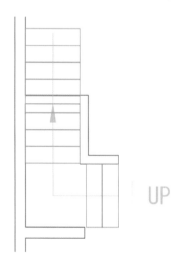

［expresstools］タブの［作成 (2D)］から、破断線のアイコンをクリックして実行します。

 expresstools は、BricsCAD V23 で標準搭載された機能です。V23 より前のバージョンでは、Bricsys のアプリカタログにてフリーツールとして配布されていますので、ダウンロードして追加して使用してください。
追加方法は、https://note.bricsys.com/ で「expresstools を追加」で検索してください。

下図のように 1 階と 2 階の境界部分を指示します。

「Enter location for break symbol <Midpoint>:」で、Enter を押すか、または右クリックします。

中点部分に破断記号が挿入されて破断線が作図されました。

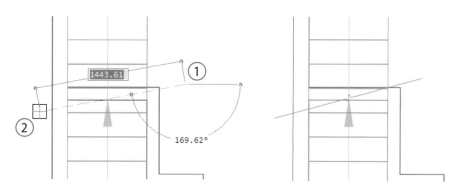

作成した階段を選択して 2 階平面の同じ位置にコピーするために、通り芯、躯体の画層をロックします。キーボードで「Mu」を入力し、Multiple 機能を実行します。

続けて、［ホーム］タブの［画層管理］パネルにある「画層ロック」アイコンをクリックします。

 Multiple コマンドは、次に実行するコマンドを繰り返す機能です。画層ロックの機能は図形を一つ指示すると終了するため、Multiple コマンドを使うことで複数選択していけるようになります。

「通り芯」と「壁」の図形をクリックし、Esc で終了します。

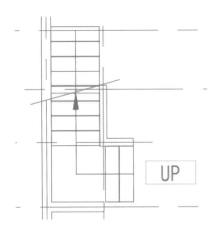

階段全体を含む形で、下図の①と②の２点を窓選択で指示します。

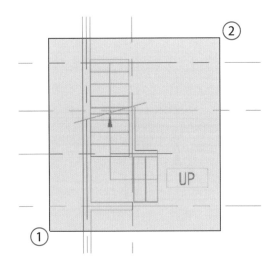

右クリックして、クワッドの「修正」から「コピー」を実行します

「基点を指示 ［ 移動距離 （D)/ モード （0)］ ＜ 移動距離 （D)＞:」で、1 階と 2 階の位置を合わせてコピーするために通り芯の交点（③）を指示します。

「2 点目を入力、または ［ 配列複写 （A)］ ＜ 移動距離として基点を使用 ＞:」で、2 階の階段位置となる通り芯の交点（④）を指示します。

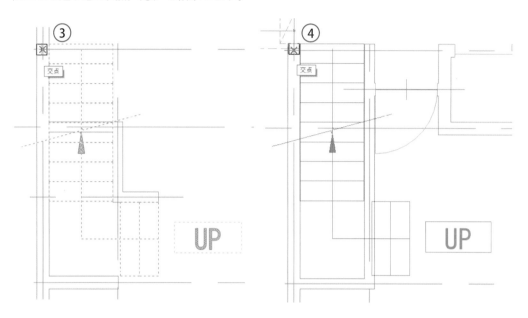

2 階にコピーした UP のラベルをクリックして選択し、グリップ（⑤）をクリックして、階段上部（⑥）に移動します。

ダブルクリックして、UP から DOWN に編集（⑦）します。

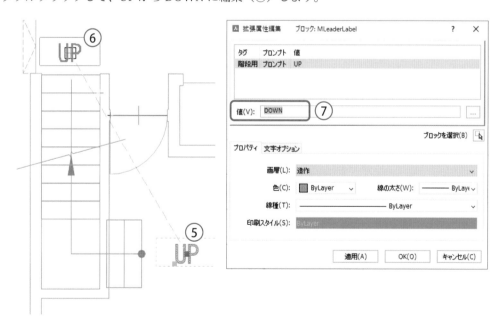

　2階の矢印をミラー機能で上下反転します。

　矢印の三角形を選択し、表示されるクワッドの「修正」から「ミラー」アイコンをクリックします。

　「ミラー軸の1点目:」で、破断線の中点（①）を指示し、「ミラー軸の終点:」で、マウスカーソルを右に動かして角度0の方向を指示（②）します。

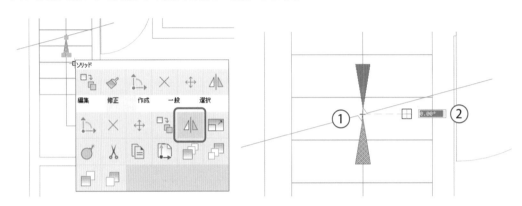

　上りはじめ、下りはじめ部分にある黒丸を挿入します。

　何も選択していない状態で、右クリックしてクワッドを表示し、挿入からブロック挿入を選択します。

　ブロック挿入のダイアログで名前欄から「_Dot」（①）を選択します。

　ダイアログの設定で、画面上の指示は挿入位置のみチェックが入った状態（②）、尺度変更欄で「均一尺度」にチェックが入った状態にして、Xの尺度を「100」に設定します。

　設定が終わったら［OK］ボタンをクリックします。

　「挿入基点を選択、または ［挿入図形を編集（E）/ コンポーネントを回転（R）/ 基点をセット（B）/ 反転（F）/ 連続（M）/ 尺度（S）/X尺度 /Y尺度 /Z尺度］<0, 0, 0>:」で、「連続（M）」をクリックした後で挿入位置（④、⑤）を指示します。

挿入基点を選択、または [挿入図形を編集 （E）/コンポーネントを回転 （R）/基点をセット （B）/反転 （F）/連続 （M）/尺度 （S）/

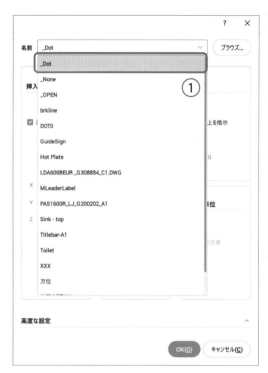

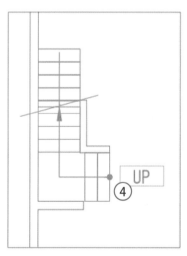

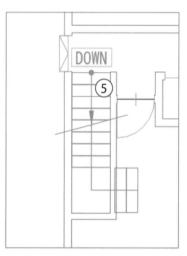

最後に、1階、2階とも不要部分を削除やトリム機能を使用して下図のように整えます。

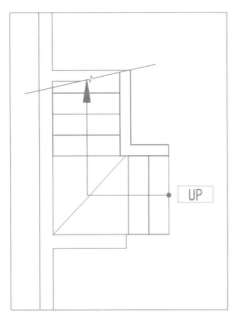
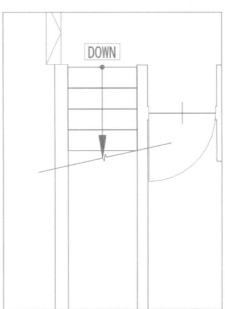

以上で、造作の作図は完了です。

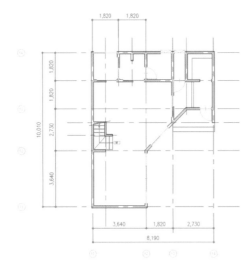

■ 設備の配置

　図枠外に用意されているトイレ、洗面、浴槽の機器をそれぞれガイドコピー機能で配置していきます。

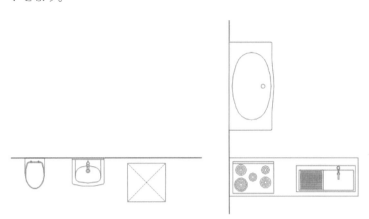

　開口部の作成時と同様に、壁の線をガイドに方向を合わせて赤枠で示した設備を配置していきます。

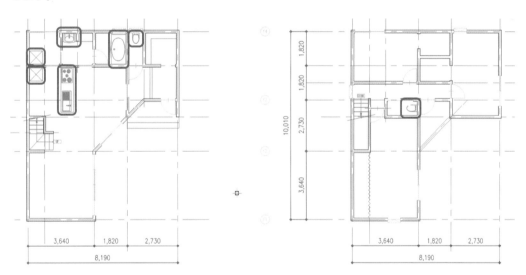

浴槽を配置する例

　ガイドコピー機能を実行して浴槽を囲う形で範囲を指示します。カーソルを浴室の壁に近づけて挿入したい方向になるように合わせます。下側の距離を 0˚で入力して位置合わせします。

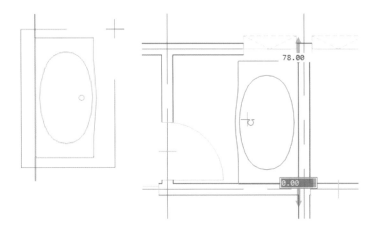

ガイドの線が意図する位置にうまく合わない場合は、一度キャンセルして、不要な線を非表示にしてから配置してみましょう。非表示にする方法は、画層の表示をオフにする方法のほかに、特定の図形を一時的に非表示にする機能を使用することができます。
BricsCAD の上部のツールバーにある下図のアイコンが特定図形の表示・非表示を切り替える機能です。

図形非表示：選択した図形を一時的に非表示にします。

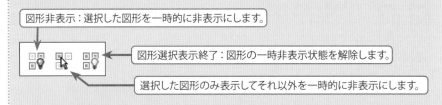

図形選択表示終了：図形の一時非表示状態を解除します。

選択した図形のみ表示してそれ以外を一時的に非表示にします。

通常は、「図形選択表示終了」の機能で非表示状態を解除して使用しますが、図形が削除されているわけではなく、この機能で非表示にしたまま保存してしまっても再度開いた際には表示された状態で開かれます。

3-2-5　図面の仕上げ

　この項では、「文字記入」、「フィールド」、「属性情報付きブロックの入力」を学びます。

■ 部屋名の作図

　各部屋名を文字記入の機能を使用して作成します。

　文字の作成は大きく分けて 2 つの種類があり、ひとつは一行ごとのシンプルな「文字」、もう一つは複数行の入力や文字の書式を設定できる「マルチテキスト」です。今回はデータ的にも軽い「文字」の方を使用して作成していきます。

　先に Windows のメモ帳を開いて各行に部屋名を入力し、すべて選択してコピーしておきます。部屋名の順番はランダムで構いません。

　現在画層を「文字」に設定します。

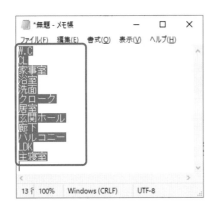 

　［ホーム］タブの［注釈］パネルから「文字」のアイコンをクリックします。

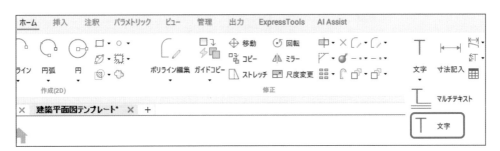

　「テキスト開始点または［定義済みスタイルを使用（S）/ 両端揃え（A）/ フィット（F）/ 中心（C）/ 中央（水平 / 垂直）（M）/ 右揃え（R）/ 位置合わせ ...（J）]:」で、「中央（水平垂直）(M)」をクリックします。

> テキスト開始点または ［定義済みスタイルを使用（S）/両端揃え（A）/フィット（F）/中心（C）/中央（水平/垂直）（M）/右

　「文字の中央点:」で図形のない 1 階平面図と 2 階平面図の中間あたりの位置をクリックします。

　「文字高 <250.00>:」で「250 Enter」を入力します。

　「回転角度 <0.00>:」で「0 Enter」を入力します。

　下図のように文字を入力する状態になったら、Ctrl + V でメモ帳からコピーしたテキストを貼り付けます。すると、各行の文字列が作成されます。続きの入力はないので Enter で終了します。

作成した文字列は 1 行ごとに別のテキスト図形となっていますので、下図のように、それぞれの部屋名を各部屋の中央付近に移動またはコピーします。

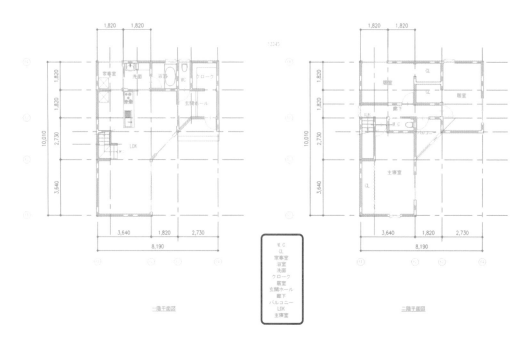

これで、部屋名の作図は完了です。コピー元の残った部屋名は削除しておきます。

■ 部屋面積の挿入

　面積は図面から手計算して文字記入する昔ながらの方法もありますが、今回はフィールドという機能を使って図形の面積データを表示する方法で挿入します。この方法では図形の形状が変わったときに連動して面積を更新することができるため、設計変更などで編集が加わったときに計算する必要がなくなるメリットがあります。

　最初に現在画層を面積にします。

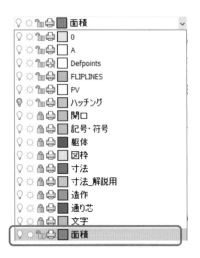

部屋面積を壁芯で計算するために、下図のように各部屋を「ポリライン」で作図していきます。何も選択していない状態で右クリックして、クワッドの「作成」から「ポリライン」アイコンをクリックします。

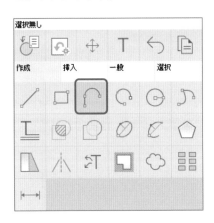

壁を作図したときと同様に、通り芯の交点を指示しながら部屋を作図していきます。四角形の部屋は長方形の機能で作図しても構いません。それぞれが個別の閉じた図形である必要があります（説明のために線を太く表示しています）。

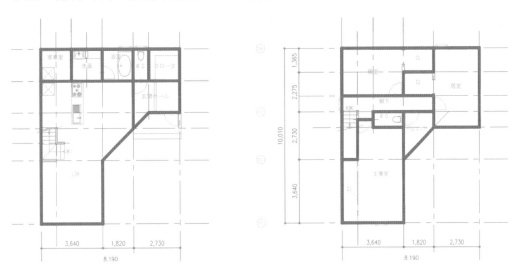

計算するための領域が作成できたら、［注釈］タブの［文字］パネルから「フィールド挿入」アイコンをクリックします。

　「フィールド」ダイアログの「フィールド名」から「オブジェクト」内の「オブジェクト」（①）を選択し、矢印ボタン（②）をクリックして面積を計測する図形を一つ選択（③）します。

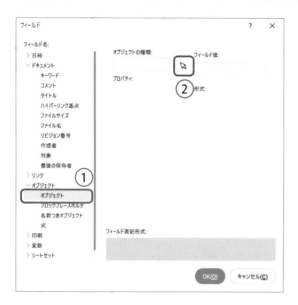

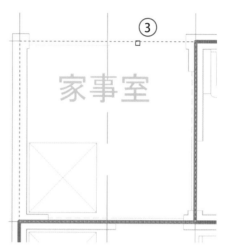

　図形を選択するとフィールドのダイアログ表示に戻ります（表示がオブジェクトからずれてしまった場合は再度オブジェクトをクリックします）。

　オブジェクトの種類がポリラインになっていることを確認してプロパティ欄の「面積」をクリックし、ダイアログの内容を下図に示すように、形式：「十進表記」、精度：「0.00」、変換：「f*#」「0.000001」、後尾：「㎡」に設定します。

設定が終わったら［OK］ボタンをクリックして、配置位置として部屋名の下あたりを指示します。

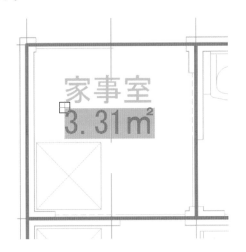

以上で面積情報を一つ配置することができました。同様の流れで各部屋の面積情報を入力していきます。

フィールドを使って表示された情報は常にリアルタイムで更新されるわけではなく、再作図（_REGEN）やフィールド更新の機能で図形情報が更新される際に更新されます。

面積情報の配置後の様子を下図に示します。

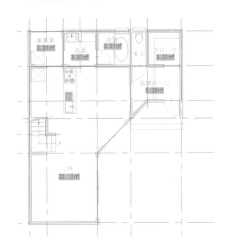

最後に方位記号を挿入します。枠外にある方位記号のブロックを移動して図面枠の左上あたりに配置し、プロパティパネルで回転角度を 172 度に設定します。

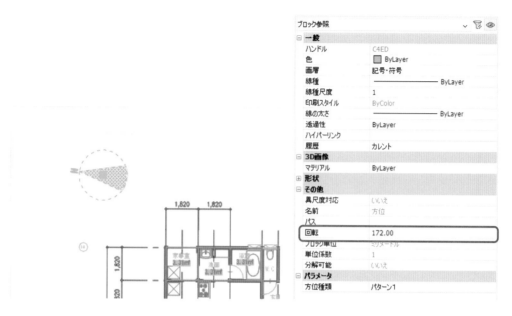

　方位記号は、表示状態を切り替えられるパラメトリックブロックになっています。プロパティパネルのパラメータ欄にある「方位種類」を選択することで、見た目を変更することができます

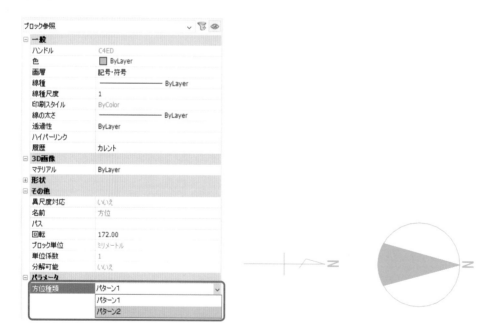

■ 図枠表題欄の入力

用紙枠の下にある表題欄をダブルクリックします。表題欄は、属性付きのブロックとなっています。通り芯符号と同様ですが、複数の属性が含まれています。

属性付きのブロックの作成方法については第5章「テンプレートの作成」にて説明します。

「拡張属性編集」ダイアログが表示されるので、各タグの値を編集していきます。ここでは、製図者の値をクリックして値に自分の名前を入力して〔OK〕ボタンをクリックします。

図枠の製図者名欄が更新されます。

「拡張属性編集」ダイアログの下部にあるタブでは、各タグ値の「プロパティ」と「文字オプション」を調整することができます。文字オプションでは、通常の文字と同様に高さなどの見た目に関する内容を調整することができます。

■ 名前削除（パージ）と監査・修復

図面を作成し終わったら、図面データ内に残っている最終的に不要になった情報を図面データから削除し、データの不整合がないか検証をして保存します。

名前削除で不要なデータを削除

左上にある BricsCAD のアイコンメニューから、「図面ユーティリティ」の項目内にある「名前削除」をクリックします。

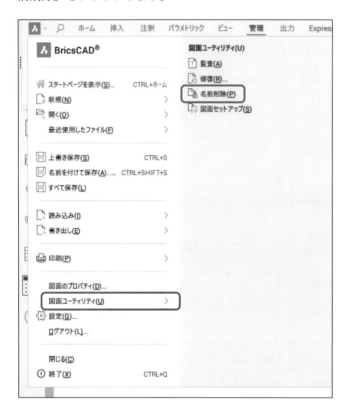

　「名前削除」を実行すると、削除できる内容がリストアップされた「名前削除」ダイアログが表示されます。残したい項目がなければ、そのまま［○個の項目を名前削除］ボタンをクリックすると図面ファイルのデータベースから削除されます。

※ V23以前のバージョンではコマンドライン表示になりますので、メッセージに従ってオプションを指定して進めます。

監査を実行してエラーを除去する

左上にある BricsCAD のアイコンメニューから、「図面ユーティリティ」の項目内にある「監査」をクリックします。

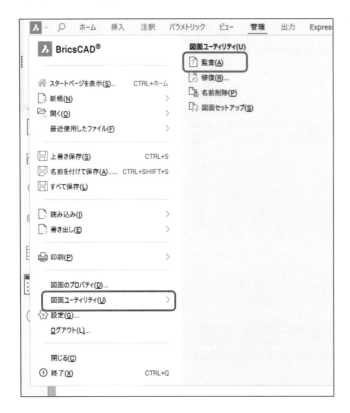

「検出したエラーを修復しますか？ [はい (Y)／いいえ (N)] ＜いいえ (N)＞:」で、修復する場合は「はい (Y)」をクリック、エラーがあるか確認するだけなら「いいえ (N)」をクリックします。

コマンドウィンドウに以下のような形でメッセージが表示されます。

2413 個のオブジェクトが修復されました
修復時のトータルエラー数は 0 で，修正されたのは 0 です

修復を「はい (Y)」にした場合、エラーがあると修正が試みられて修正の数に反映されます。修正があった場合は、保存しておくことで回復されたデータとなります。

BricsCAD には、図面データをチェックして正常な状態に調整・整理する機能として「監査 (_audit)」、「3D 監査 (_dmaudit)」、「修復 (_recover)」の 3 つがあり、新しいバージョンほど精度よく機能します。いずれもデータに内在する破損や不整合を補修しますが、「監査」は開いているファイルに対して、「修復」は開いていないファイルを開きながらチェックする機能になります。

他所から図面ファイルやパーツ類のデータを受け取って使用する際は、一度監査・修復を行って不整合がないかチェックしてから利用するとデータに起因したトラブル問題が起きにくくなります。

V23 で新たに追加された「図面診断」機能は、これらの機能を包括的に実行して「図面ファイルの健全性」を簡単に保つことのできる機能です。

ペーパー空間と印刷

4-1　「モデル空間」と「ペーパー空間（レイアウト）」

　BricsCADには「モデル空間」と「ペーパー空間（レイアウト）」があり、画面左下のタブで切り替えられます。

　「モデル空間」はファイルに1つだけあるもので、通常は原寸大で設計内容を作図するための空間です。

　「ペーパー空間」はファイルに複数作成できるもので、「レイアウト」と表示されるように、印刷用の空間です。

　「ペーパー空間」では「ビューポート」というモデル空間を覗く窓を配置して、「モデル空間」に作成した設計内容を表示します。「ビューポート」はレイアウトに複数配置でき、個別に表示尺度を設定できます。

　モデルとレイアウトのビューポートによって、異なる尺度の図面作成や、尺度ごとに作図・修正する手間を省略できます。

4-2　印刷レイアウトの作成

　「開始」の「図面を開く」をクリックし、ファイルの種類が「標準図面ファイル（*.dwg）」になっていることを確認し、本書のサンプルファイル「レイアウト練習.dwg」を開きます。

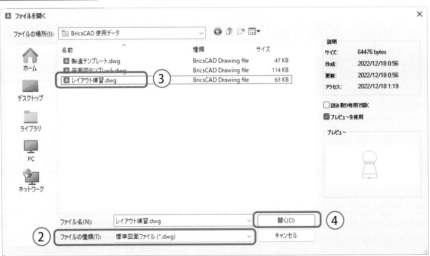

印刷レイアウトを作成するために、切り取り窓を作成します。ツールバーの「画層コントロール」で「ビューポート」に切り替えます。

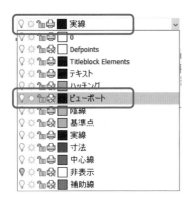

［ビュー］タブの［ビュー］-［ビューの保存 / 呼び出し］を実行します。

コマンドラインから「窓（W)」をクリックし、「保存ビュー名」を「全体図」と入力し、Enterで確定します。

全体を囲うように 2 点を選択します。

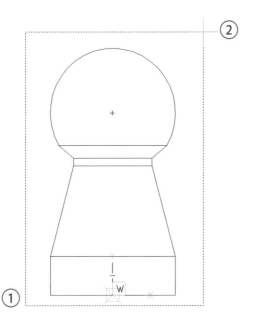

Enter で、再度［ビューの保存 / 呼び出し］を実行します。

コマンドラインから「窓（W)」をクリックし、「保存ビュー名」を「首元拡大図」と入力し、

Enter で確定します。

① Enter

ビュー [? で一覧表示/削除 (D)/正投影 (C)/リストア (R)/保存 (S)/窓 (W)]: ②

保存ビュー名: 首元拡大図 ③ ④ Enter

首元部分を 2 点選択します。

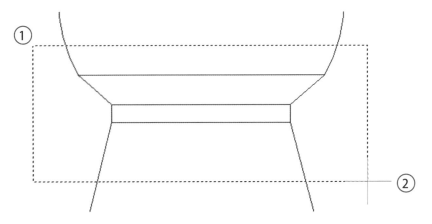

ワンポイントアドバイス

ビューの登録の確認は［ビュー］パネルの一番上「表示コントロール」のドロップダウンリストを開くと確認できます。

ビューを選択することで、いつでも同じ位置・サイズで図面が編集できるようになります。

4-3 レイアウトにビューポートを追加

左下のモデル・レイアウトタブで「A3」に切り替えます。

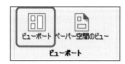

［ビュー］タブの［ビューポート］-［ビューポート］を実行します。

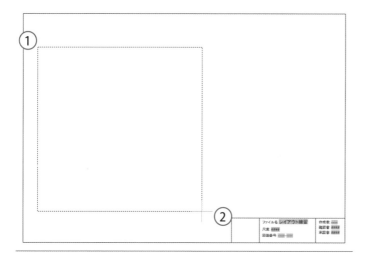

配置位置をクリックします。

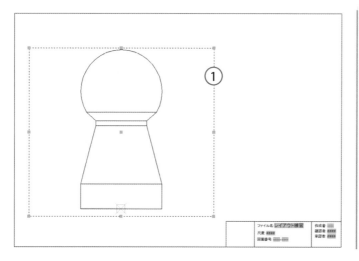

配置したらビューポートの枠を選択し、右側のプロパティパネルを開きます。

プロパティパネルで「その他」‐「標準尺度」を「2:1」に切り替えます。

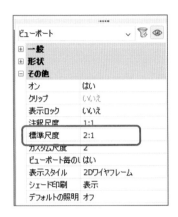

同様に「首元拡大図」も挿入します。［ビュー］タブの［ビューポート］‐［ビューポート］を選択します。

配置位置をクリックします。

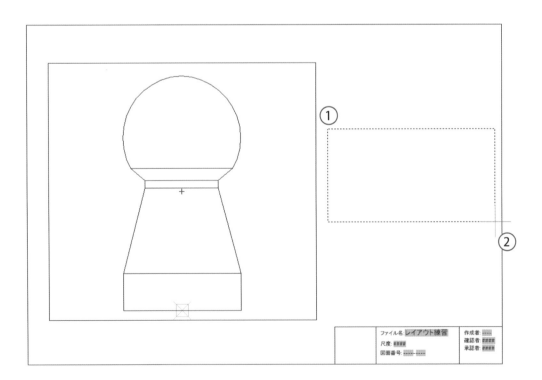

ビューポート内でダブルクリックし、ビューの編集モードに切り替えます。

［ビュー］タブの［ビュー］-［表示コントロール］から「首元拡大図」を選択します。

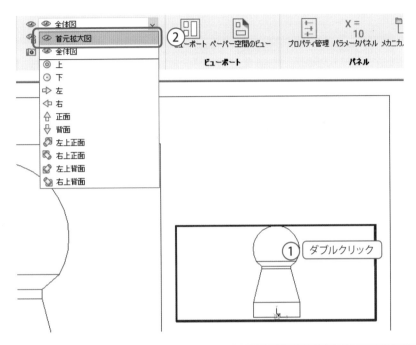

自作したビューポートの表示範囲に切り替える場合は、ビューポート内をダブルクリックして、ビューポートの編集モードに入る必要があります。

ビューポート外をダブルクリックして、編集モードを終了します。

「首元拡大図」のビューポートを選択し、プロパティパネルで「標準尺度」を「4:1」に切り替えます。

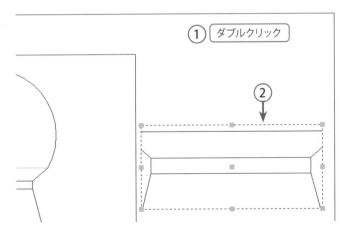

ビューポートの枠上のグリップを修正するとビューポートのサイズが変更されます。
ビューポートの中心のグリップを修正すると位置の調整ができます。

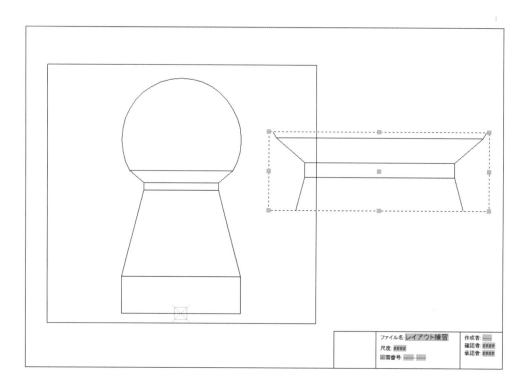

　　ツールバーの「画層コントロール」で「ビューポート」を非表示にし、「テキスト」に切り替えます。

4-4 注釈の記入

ビューポートを配置してレイアウトができたので、寸法を追記していきます。

[ホーム] タブの [注釈] - [寸法記入] を選択し、以下のように寸法を記載します。

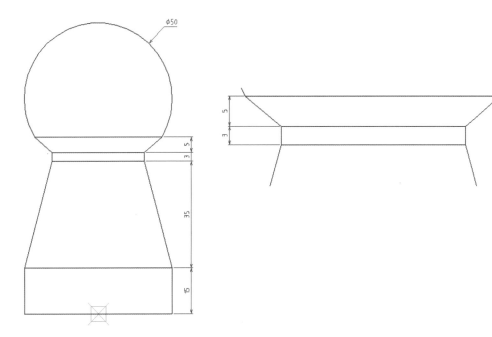

　全体図の寸法サイズと首元拡大図の寸法サイズを確認すると、尺度は異なるのに同じ寸法サイズに自動調整されていることがわかります。

　これが BricsCAD の特徴の異尺度対応の機能になります。

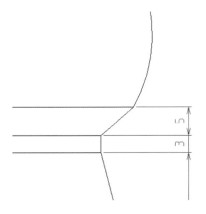

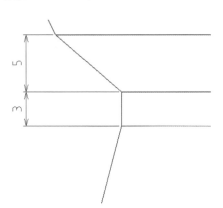

［ホーム］タブの［注釈］-［マルチテキスト］で 2 点を選択し、テキストボックスを作成します。

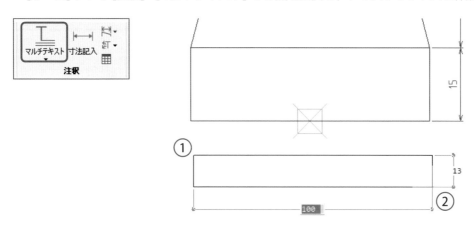

それぞれのビューポートの下に「全体図　S=2：1」と「首元拡大図　S=4：1」と記入します。
文字の位置は「文字位置合わせ」で調整します。

完成です。

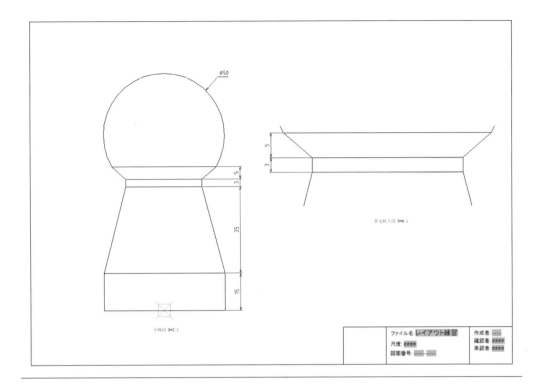

ツールバーの［名前を付けて保存］をクリックし、任意の場所に保存します。

4-5 PDF ファイルの出力（2 つの方法）

PDF ファイルへの出力は、書き出し機能を使用した方法と印刷機能を使用した方法の 2 通りがあります。前項で作成したデータをもとにそれぞれの方法で出力する方法を学びます。

4-5-1 書き出し機能を使用した PDF ファイル作成

［出力］タブの［書き出し］-［PDF 書き出し］を実行します。

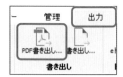

任意の場所に名前を付けて保存します。

完成です。

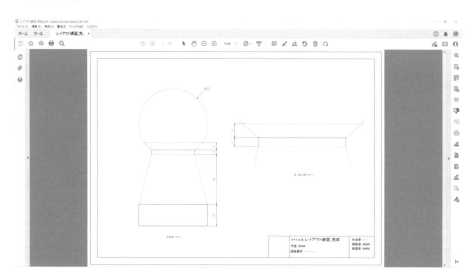

4-5-2　印刷機能を使用した PDF ファイル作成

［出力］タブの［出力］-［印刷］を実行します。

印刷設定のダイアログで次のように設定します。

設定項目	設定値
プリンタ / プロッタの設定	Print As PDF.pc3
用紙サイズ	A3
印刷領域	レイアウト
印刷尺度	1:1
印刷スタイルテーブル (ペンの割り当て)	default.ctb
用紙の向き	横
印刷オフセット	X: 0 mm、Y: 0 mm
印刷オプション	（初期値のまま）
外部 PDF ビューアーを使用	チェックを外す

各項目を設定したら、［適用］ボタンをクリックしてから［プレビュー］ボタンをクリックします。

プレビューが問題なければ、左上の印刷ボタンをクリックして出力します。

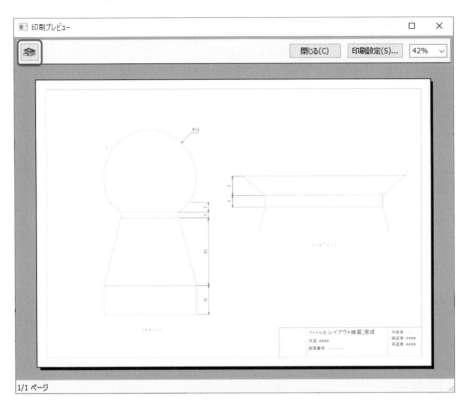

「Print As PDF.pc3」はファイルに出力するタイプのプリンタドライバなので、書き出しのときと同様に任意の場所に名前を付けて保存します。

印刷機能を使用した PDF ファイルへの出力は、実務においてパブリッシュという多数のレイアウトを一括出力する機能で多用されます。それに対して、書き出しの方法は一時的な確認のために利用されることの多い機能です。

テンプレートの作成

この章では次の内容を学びます。

- 注釈尺度の設定
- 画層の設定
- ブロックの登録
- 属性情報付きブロックの登録

5-1 ベースのテンプレートファイル

インストールされたテンプレートから「Default-mm」で新しい図面を作成します。

5-2 画層の設定

右側の［パネル］の［画層管理］を選択し、画層パネルの内容を確認します。

以下のように作業用の画層を作成します。

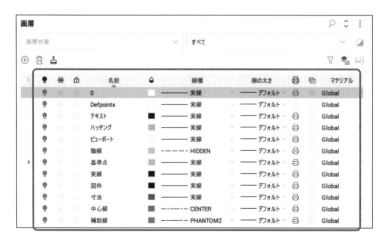

左上の［画層を追加］を実行すると、「新規画層1」が追加され、名前の編集状態になります。

「名前」に「補助線」と入力し、白い四角（色）を選択します。

「色を選択」ダイアログからマジェンタ（色番号6番）を選択し、「適用」します。

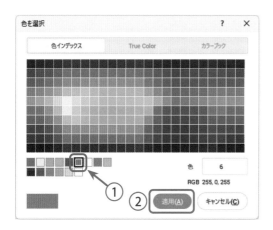

「線種」の選択肢に「実線」しかないため、「ロード」を実行します。

「線種をロード」で「PHANTOM2」を選択して、［OK］ボタンをクリックします。

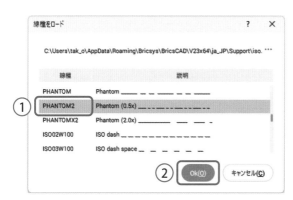

画層の追加ができました。

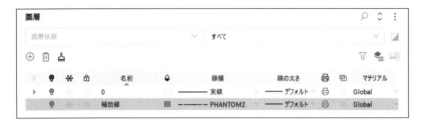

同様に画層を追加し、以下の状態にします。

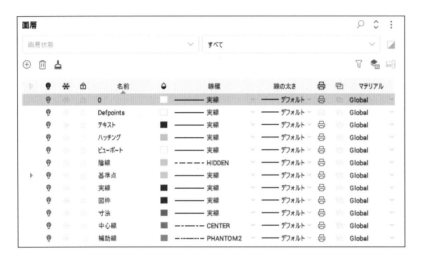

5-3　基準点の配置

ツールバーの「画層コントロール」で「基準点」に切り替えます。

［ホーム］タブの［作成］の［点］の▼を選択し、中から［点の表示モード］を実行します。

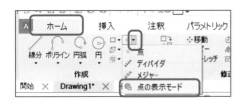

「点の表示モード」を、以下の設定にします。

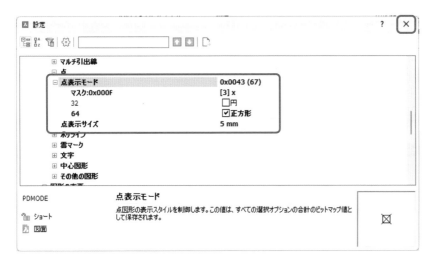

［作成］-［点］を実行し、コマンドラインに「0,0 Enter 」で原点に点を配置します。

［パラメトリック］タブの［2D 幾何拘束］-［固定］で、基準点の位置を固定します。

［2D 幾何拘束］-［固定］で位置を固定できるため、基準として作成したオブジェクトを固定すると便利です。

5-4 文字スタイル / 寸法スタイルの設定

［注釈］タブの［文字］-［文字スタイル設定］をクリックします。

［Standard］の異尺度対応をオンにします。［図面エクスプローラ］ダイアログを閉じて完了です。

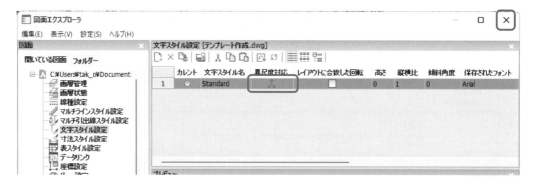

［注釈］タブの［寸法記入］-［寸法スタイル設定］をクリックします。

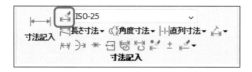

異尺度対応をオンにします。

ツールバーの「設定」を実行します。

[寸法] - [DIMLAYER] を「寸法」に設定し、閉じます。

 この設定により、[ホーム] タブで設定されている画層がどこであっても、[注釈] タブで作成した寸法は [寸法] 画層に作成されます。

5-5 図枠の作成

5-5-1 図枠の作成

レイアウトの図枠を作成します。左下の「レイアウト 1」タブを右クリックし、[名前変更] を実行し、「A3」に変更します。

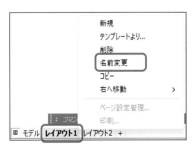

「A3」タブに切り替えます。

配置済みのビューポートを選択し、Delete で削除します。

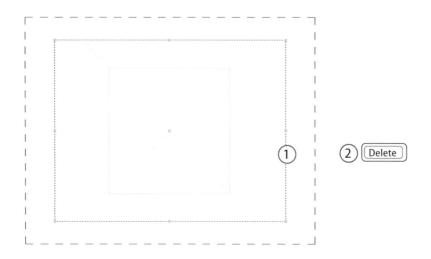

ツールバーの「画層コントロール」で「図枠」に切り替えます。

A3 サイズの長方形を作成します。[作成 (2D)] - [長方形] を実行し、任意の位置を選択して「420 Tab 297 Tab Enter」で長方形を作成します。

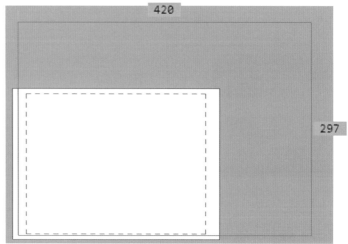

「A3」タブを右クリックし、「ページ設定管理」を実行します。

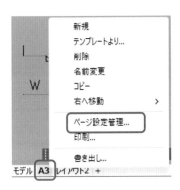

「プリンタ/プロッタの設定」で任意のプリンタを選択し、「用紙サイズ」で「A3」を選択します。
「印刷領域」で「窓」を選択し、「印刷領域を選択」を実行します。

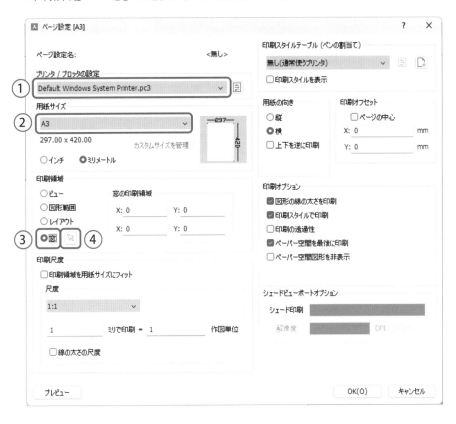

さきほど作成した長方形の対角の2点を選択します。

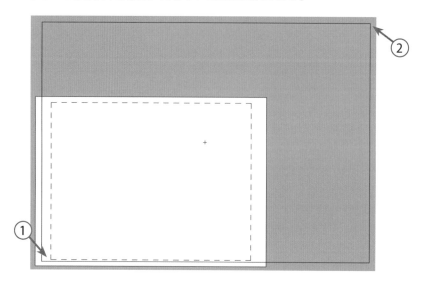

「印刷スタイルテーブル」をモノクロ印刷設定である「monochrome.ctb」に設定し、「用紙の向き」を「横」に設定し、[OK] ボタンをクリックします。

　［作成 (2D)］-［オフセット］を実行し、コマンドラインで「10 Enter 」、A3 長方形を選択し、内側にオフセットします。

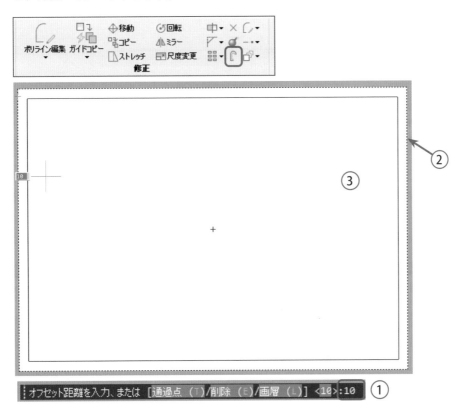

5-5-2 表題欄ブロックの作成

　表題欄を作成し、ブロックとして登録します。

　［作成 (2D)］-［線分］で任意の位置に横 150 mm、縦 30 mm の長方形を作成します。

※サイズ確認のために寸法表記していますが、作成は不要です。

［作成 (2D)］-［オフセット］で 2 つの垂直線をそれぞれ 40 mm 内側にオフセットします。

※サイズ確認のために寸法表記していますが、作成は不要です。

［注釈］-［マルチテキスト］で以下のようにテキストを配置します。

	ファイル名：	作成者：
	尺度：	確認者：
	図面番号：	承認者：

「ファイル名」を自動読み込みさせます。

マルチテキストをダブルクリックし、マルチテキストの編集状態にします。配置済みの「ファイル名：」の後ろに入力カーソルを移動します。

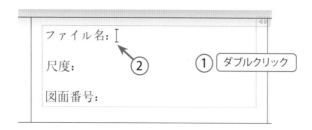

「文字フォーマッティング」の「フィールド」を実行します。

文字フォーマッティング

Standard	SimSun	2.5（デフォルト）	B I ⊤ 〒 干 ⊤ 人 ⋮☰ ᛁᛁᛁ ABC	ByLayer

O 0 ⊕ ⊥ 1 ⊕ ◇ 1 ⊕ ↩ ↪ @ フィールド ⋮ ⊞ ⋯ ⋮ OK キャンセル

「ドキュメント」-「ファイル名」を選択し、「形式」を任意の形式を設定して［OK］ボタンをクリックします。

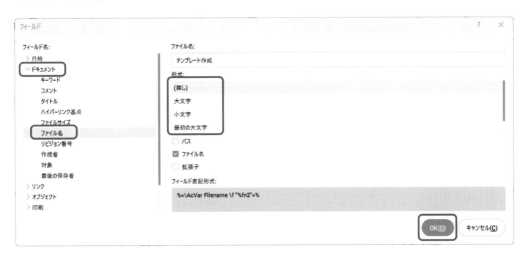

ファイル名が読み込まれたことを確認して、［OK］ボタンをクリックします。

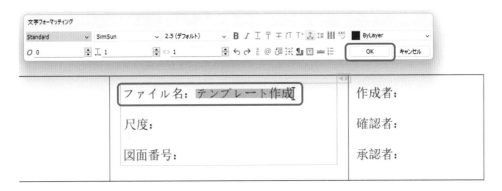

他の項目は表題欄を配置した際に入力するように「属性定義」をします。
［ブロック］-［属性定義］を実行し、「属性」を設定して「座標を挿入」でアイコンを選択します。

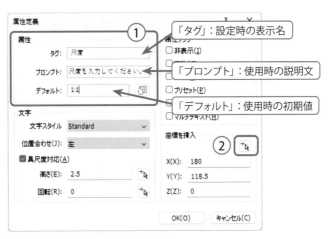

配置位置を選択し、ダイアログの［OK］ボタンをクリックします。

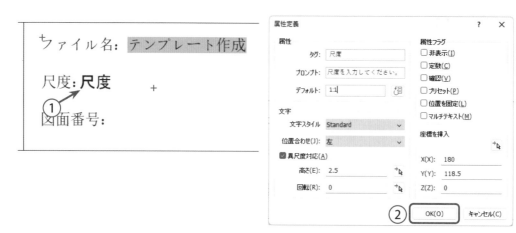

他の項目も同様に「属性定義」します。

	ファイル名: テンプレート作成	作成者:**作成者**
	尺度:**尺度**	確認者:**確認者**
	図面番号:**図面番号**	承認者:**承認者**

　作成した表題欄をブロックとして登録します。［ブロック］-［ブロック作成］を実行し、以下のように設定します。

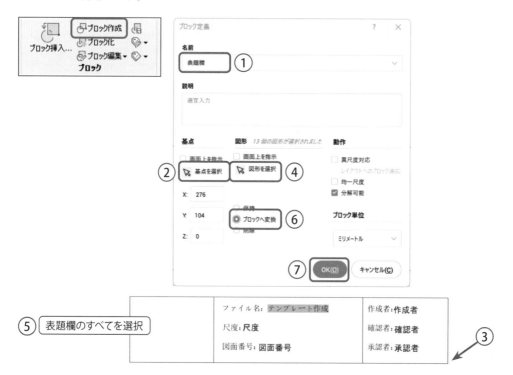

「属性編集」ダイアログはそのまま［OK］をクリックして終了します。

ブロックに変換されました。

表題欄の任意の箇所を選択し、右下の基点を選択し、図枠の右下を選択して表題欄を移動させます。

図枠が完成しました。

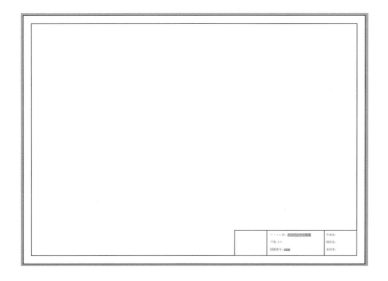

5-6 テンプレートとして保存

ツールバーから［名前を付けて保存］を選択します。

　任意のフォルダに、ファイルの種類を「図面テンプレート」、ファイル名を「テンプレート練習」として保存します。ここではデスクトップに保存しています。

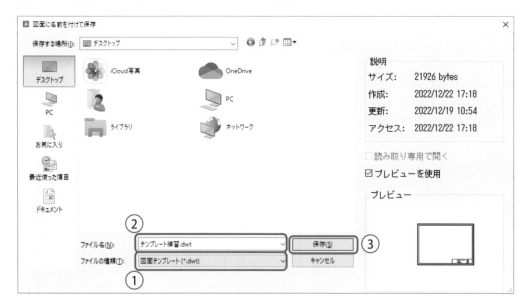

　BricsCAD でキーボード入力から「TEMPLATEFOLDER」コマンドを実行します。

　コマンド名を途中まで入力すると候補が表示されるので、カーソルキーの上下でコマンドを選択して Enter で実行できます。なお、入力するコマンド名は途中のつづりも有効なので、「tefo」などと入力しても候補として表示されます。

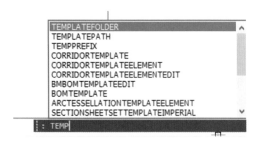

　コマンドを実行すると、Windows のエクスプローラで BricsCAD のテンプレートフォルダが表示されます。

　デスクトップに保存した「テンプレート練習 .dwt」ファイルを、BricsCAD のテンプレートフォルダにドラッグ & ドロップで移動します。

6

3D モデリング

6-1 軸受─ブッシュー

第 3 章で作成した「軸受ブッシュ .dwg」を利用して、3D モデリングをします。

6-1-1 境界線作成

ツールバーの「画層コントロール」で、「ハッチング」を非表示にして「3D 化」に切り替えます。

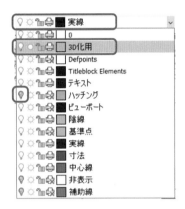

断面図を利用して、3D 化する境界線を作成します。

[ホーム] タブの [作成 (2D)] - [長方形] の▼を選択し、中から [境界作成] を実行します。

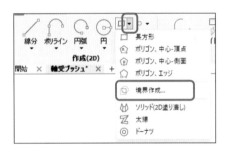

「境界内の点をピック」を実行します。ハッチング部分を選択して Enter で確定したら、[OK]
ボタンをクリックして完了します。

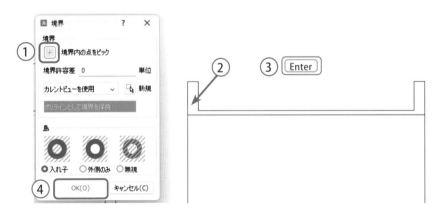

6-1-2 ワークスペースの変更

　ツールバーの「表示スタイル コントロール」、「ワークスペース コントロール」を「モデリング」に切り替えます。

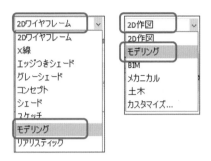

「ワークスペース」を変更すると、タブとパネルの内容が変更され、3D モデリングするためのコマンド群に切り替わります。
「表示スタイル」を変更することで、3D モデルが見やすくなります。

6-1-3 3D モデリング（回転）

　画面右上の「ルックフロム」で「右上正面」を選択します。
　［モデリング］-［押し出し］の文字部分を選択し、中にある［回転］を実行します。
　断面図に作成したポリラインを選択し、Enter で確定します。

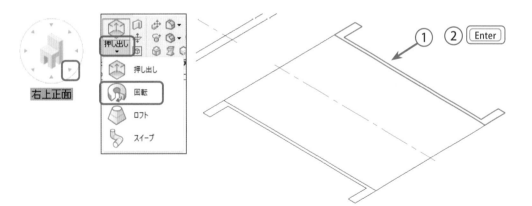

ポリライン選択時に線分を認識してしまう場合は、Tab で奥にある線を認識させます。

　コマンドラインから、軸の定義として「X軸」を選択し、回転角度として「360」を選択します。

軸の最初のポイントを指定するか、または軸を定義 [X軸/Y軸/Z軸/2点 (2P)/オブジェクト (O)/最後 (L)/ビュー (V)] <2点 (

回転の角度を指定、または [自動 (A)/差 (S)/作成 (C)/和 (U)/両側 (B)] <360>

ブッシュの 3D 形状の完成です。

6-2 軸受—フター

第 3 章で作成した「軸受フタ .dwg」を利用して、3D モデリングをします。

6-2-1 境界線作成

ツールバーの「画層コントロール」で、「陰線」と「寸法」を非表示にして「3D 化」に切り替えます。

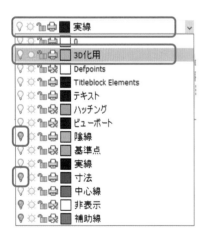

3D 化する境界線を調整します。

[ホーム] タブの [修正] - [分解] の▼を選択し、中から [結合] を実行します。

正面図と平面図を範囲選択し、[Enter] で確定します。

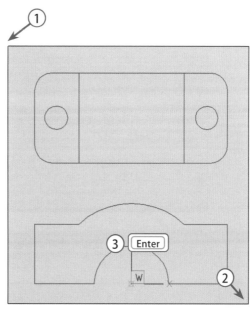

> ワークスペースが「2D 作図」の場合は [結合] コマンドが [ホーム] タブの [修正] - [ト
> リム] の中にあります。

6-2-2 ワークスペースの変更

ツールバーの「表示スタイル コントロール」、「ワークスペース コントロール」を「モデリン
グ」に切り替えます。

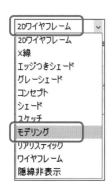
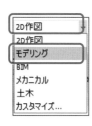

> 「ワークスペース」を変更すると、タブとパネルの内容が変更され、3D モデリングするため
> のコマンド群に切り替わります。
> 「表示スタイル」を変更することで、3D モデルが見やすくなります。

6-2-3 3D モデリング（押し出し）

平面図を、実際の 3 次元空間で見た際の方向（XZ 平面）になるように 3 次元的に回転します。
［ホーム］タブの［選択］-［マニピュレート］を実行し、平面図を範囲選択します。

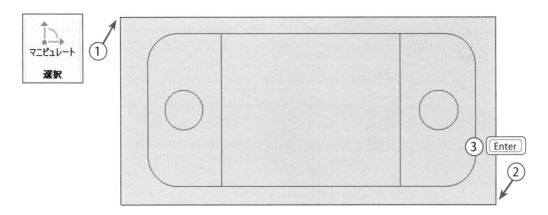

表示されたマニピュレータの原点を変更します。原点そばの丸いアイコンを選択します。

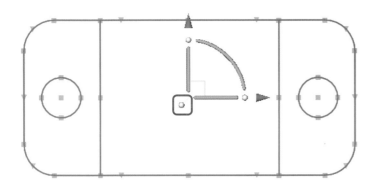

新しい原点位置として、底辺の中点を選択します。

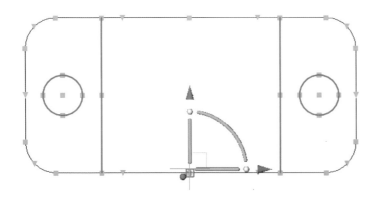

画面右上の「ルックフロム」で「右上正面」を選択します。マニピュレータの YZ 平面上の円弧部分を選択します。

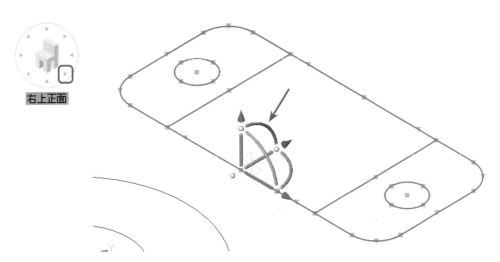

90 度回転させたところで、クリックして回転を確定させます。回転したら Esc で選択解除します。

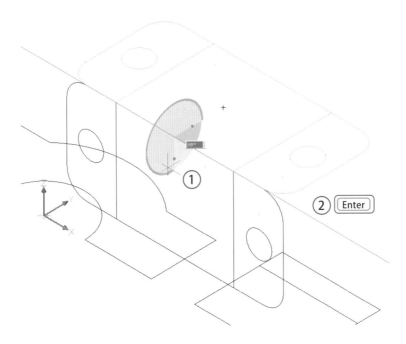

［モデリング］-［押し出し］を実行し、正面図のポリラインを選択して Enter で確定します。
–Z 方向に 100 mm 以上伸ばして、任意の箇所を選択します。

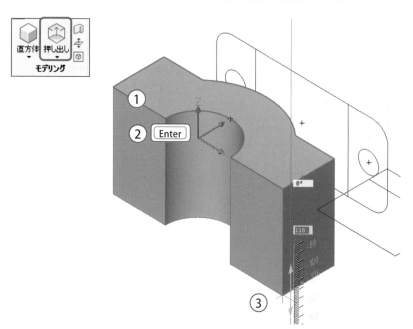

　画面右上の「ルックフロム」で「左上背面」を選択します。［モデリング］-［押し出し］を実行
し、平面図の 2 つの円と 1 つのポリラインを選択し、 Enter で確定します。

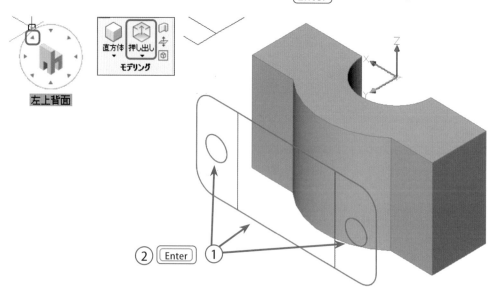

正面図の形状を貫通する位置を選択します。

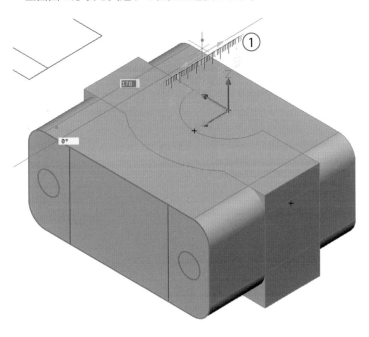

［ソリッド編集］-［交差］を実行し、正面図の形状と平面図の形状を選択して Enter で確定します。

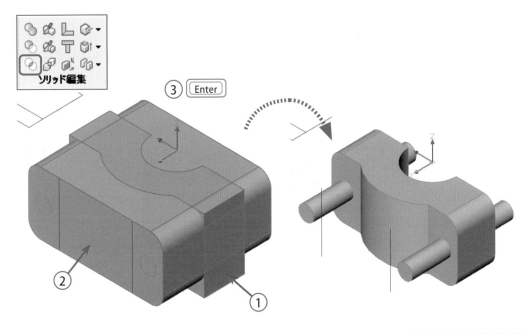

　［交差］は、2つの形状が重なった部分のみ残す機能です。

　円柱を利用して穴を開けます。[ソリッド編集] - [差] を実行し、差し引く形状として 2 つの円柱を選択し、[Enter] で確定します。

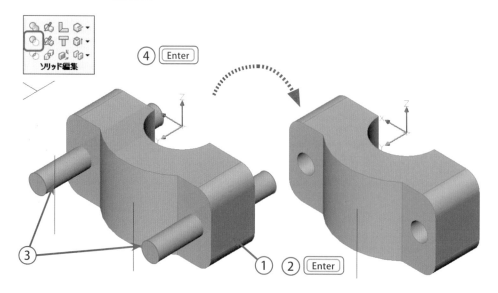

　フタの 3D 形状の完成です。

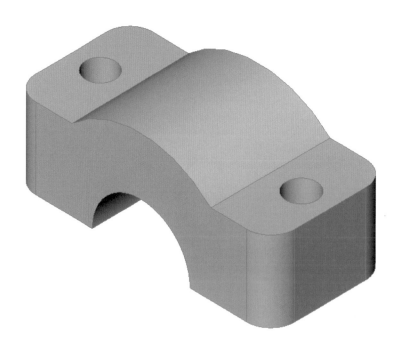

6-3 BIM モデリング

　BIM（Building Information Modeling）は、建築・設備・建設工事・ファシリティマネジメントなどで活用されるさまざまな情報を付加したデータにすることで、建築・建設のトータルでの業務効率化を図るためのものです。BIMにおいて建物などの3Dモデルを作成することは、正確な情報を視覚的に扱うことやボリュームや数量の算出などでモデルの情報が活用されるため重要な工程の一つです。

　BricsCAD には、BIM 用途向けに 3D モデリングの入門として無料で使える BricsCAD Shape と、より本格的な BIM 設計で使える BricsCAD BIM の2製品があります。

　本書では、BIM の基礎的なモデリングについて広く学んでいただくため、BricsCAD Shape にて第3章で作成した建築平面図をアレンジした下図のような簡単な平屋をモデリングしていき、既存の平面図があるケースでのモデリングの例として説明します。

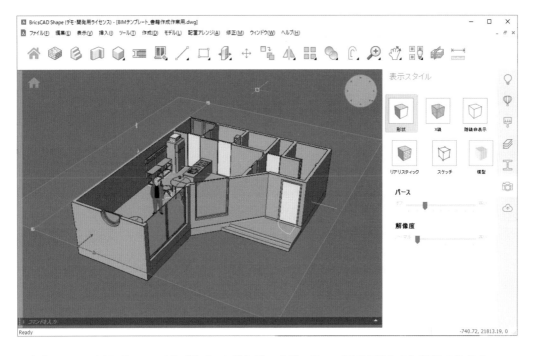

　なお、BricsCAD Shape で作成したモデルデータは、BricsCAD BIM でも利用できます。

6-3-1 Shape の起動とインターフェイス

BricsCAD を起動して、ランチャ画面が表示されたら、左下の［BricsCAD Shape を起動］ボタンをクリックします。

Shape の起動は、BricsCAD Lite などグレードにかかわらず利用できます。

Shape が起動したら、開始の欄のテンプレートが Shape-mm になっていることを確認し、「新しい図面」をクリックして新規図面を作成します。

■ BricsCAD Shape の画面

BricsCAD Shape の画面は、Lite や Pro などの製品とは少し異なっていて、モデリングに特化したシンプルなインターフェイスとなっています。

上部にリボンとプルダウンのメニュー、右側に固定された画層などの各種パネルがあり、コマンドラインはステータスバー上に表示されるようになっていますが、Shift + F2 で表示可能です。ファイルタブやレイアウト表示などはなく、画層管理のパネルは「表示」と「ロック」の ON/OFF のみとなっています。

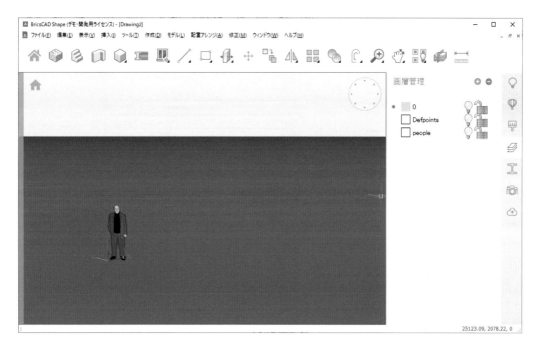

　新規作成時にガイドとして原点位置に表示されている人物は、フランスの著名な建築家ジャン・ヌーヴェル（Jean Nouvel）氏です（日本で設計したものとしては電通本社ビルがあります）。

　この人物図形は 3D の視点を変更しても正面を向いた形で表示されるもので、ライブラリから再挿入できるため、不要な場合は削除してもかまいません。

6-3-2　壁・床の作成

　BricsCAD Shape と BricsCAD BIM には建物を素早くモデリングするための機能がありますが、躯体の図形がある場合は、平面から立ち上げる方法が簡単かつスピーディーです。次の流れで平面図を読み込みます。

　何も選択しない状態で右クリックしてクワッドを表示し、「ブロック」タブ内にあるブロック挿入アイコンをクリックします。

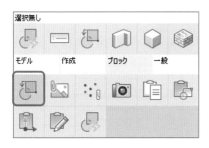

　ブロック挿入ダイアログの［ブラウズ...］ボタンをクリックして、本書のサンプルファイル「BIM テンプレート」を選択して開き、［OK］ボタンをクリックして挿入します。

　壁の内側にカーソルを移動すると領域が認識され緑色で表示されます（①）。壁の領域が認識されたらクワッドにカーソルを移動して、「モデル」タブの「ソリッド押し出し」アイコン（②）をクリックします。

押し出しが始まったら、カーソルを上方向に移動して、高さを「3000」で入力して Enter で確定します。

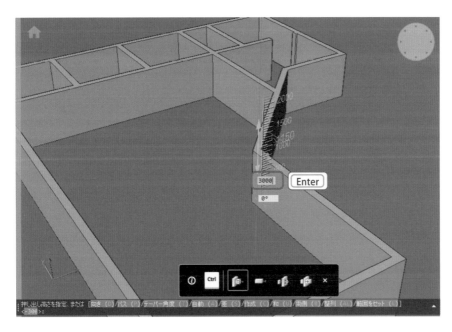

続けてルックフロムで「上」の表示に切り替え、部屋内の領域を認識させながらクリックして選択していきます（①）。

すべて選択したら右クリックでクワッドを表示して、壁の作成と同様に「ソリッド押し出し」アイコン（②）をクリック、上方向に高さ「400」を入力して Enter で確定します（③）。

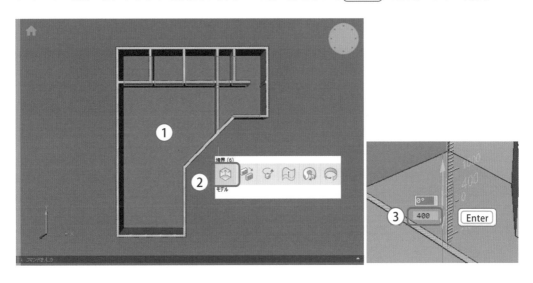

以上で壁と床ができました。

6-3-3 建具の配置

作成した壁に窓やドアなどの建具を配置していきます。最初に窓を作図します。

リボンメニューにある「窓を作成」のアイコンを使用しますが、下図のように先に対象になるモデルの表面にポリラインなどで範囲を作図しておく必要があります。

視点の位置を図の壁部分を内側から見ている形に移動します。

長方形アイコンをクリックします。

壁の表面がオレンジ色にハイライトされて認識された状態で、壁の端の点をクリックします（①）。

続けて、幅 3200、高さ 2100 で矩形のサイズを指定して Enter で終了します（②）。

作図後に、長方形を選択して壁の端から 200 程度内側の位置に移動します。

同じ要領で、斜めの壁にも長方形を幅 1800、高さ 2100 で作図します（③）。

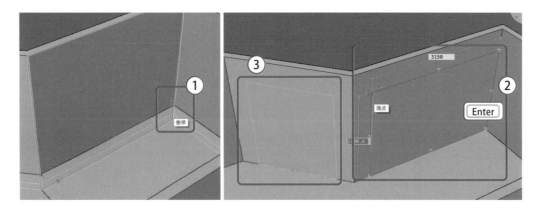

「窓を作成」アイコンをクリックして実行します。

　作図した 2 つの長方形の中にカーソルを移動し領域が認識されたらそれぞれクリックし、
Enter で確定します（①）。
　クリックすると「窓スタイルを選択」のウィンドウが表示されるので、2 枚のウィンドウを
クリックします（②）。

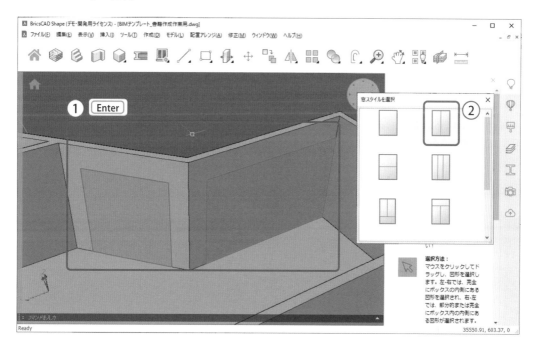

　数秒程度時間が経ってから、それぞれのサイズで窓が 2 つ作図されます。

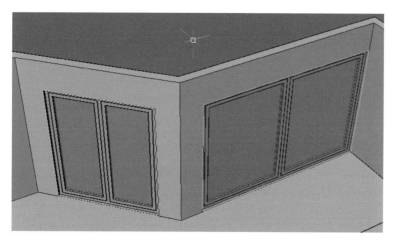

配置した窓は、選択して削除すると元の壁に戻ります。間違って配置しても簡単に修正でき
るので、怖がらずにいろいろ試してみてください。

6-3-4 ライブラリから建具や各種の機器を配置する

　標準で用意されているライブラリから建具やキッチントイレ浴槽などの機器を配置します。
ライブラリパネルをクリックして表示します（①）。

　パネルのリストから「Doors」(②)をクリックして、ドアの一覧から「Door Ext Plain」をクリックします。

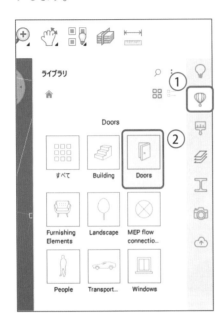 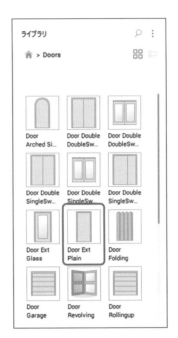

　玄関の位置にドアを配置していきます。ライブラリを配置する際に、作図領域の下部にホットキーアシスタントのメニューが表示されます。

　ドアの場合は、左が位置合わせの入力、右がドアのサイズを調整するパラメータの入力になっています。配置する前に、(Ctrl)を押してパラメータ入力状態にして、ドアの高さを2100、幅を850にセット（①）してから、もう一度(Ctrl)を押して、玄関を配置する壁にカーソルを持っていき、下部分の距離0、右部分の距離250にセットして(Enter)で確定します（②）。

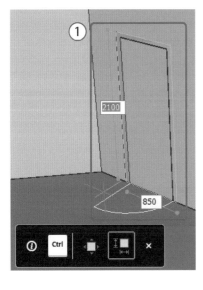
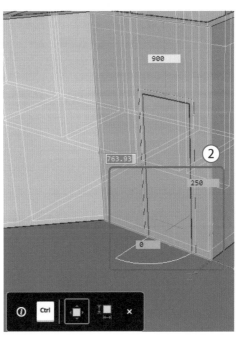

　配置した後で、ドアの吊元方向を変更するために、ドアにカーソルを合わせて認識される状態にしてから、クワッドの「モデル」タブにある「BIM フリップ」アイコンをクリックします。

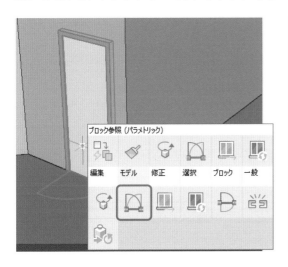
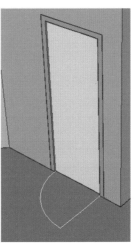

同様な流れで、ほかの建具や設備をライブラリから選択して配置していきます。色々なもの
がありますので思い思いの形で配置してみてください。

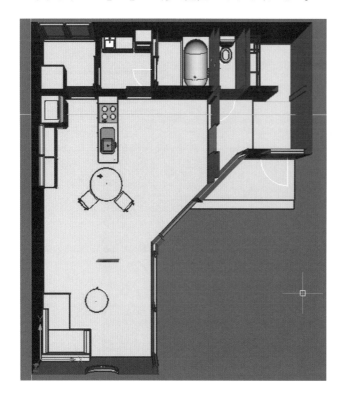

配置していく過程で、狭い部屋の部分などで配置しにくいケースが出てきます。そのような場
合は、断面を作成してモデルを部分的に表示して作業しやすい形にしながら作図していきます。

6-3-5 断面を作成する

断面は、一定の方向から先、または手前のモデルをぶつ切りにして表示する機能です。
リボンから、「断面を設定」アイコンをクリックします。

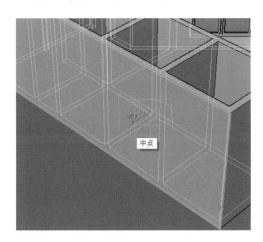

断面の方向を指示します。このとき壁の面や建物の軸になる面を指示します。

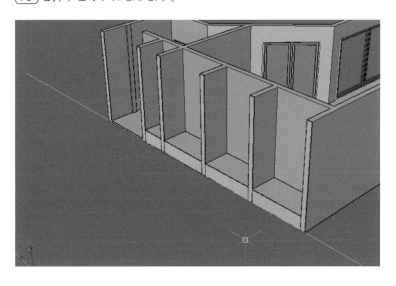

　続けて断面線の位置を指示します。カーソルを動かすとリアルタイムで断面表示されるので、
作図したい部分にアクセスしやすい場所でクリックします。図形スナップが効いている場合は、
[F3]を押すとオフになります。

作成された断面線をクリックして選択すると、中点位置にグリップが表示されます。

線上の三角形のグリップ（①）は位置の変更、線の先にある矢印のグリップ（②）は、断面方向反転のグリップになっています。また、断面図形にカーソルを当てて表示されるプロパティで、「クリップ表示」（③）を「いいえ」に設定すると、断面表示しなくなります。

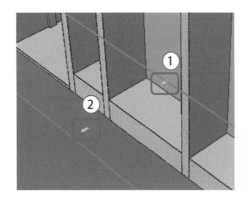

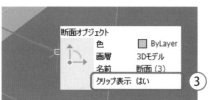

 直交方向2つと上下方向の断面を作成しておくと作業しやすくなります。

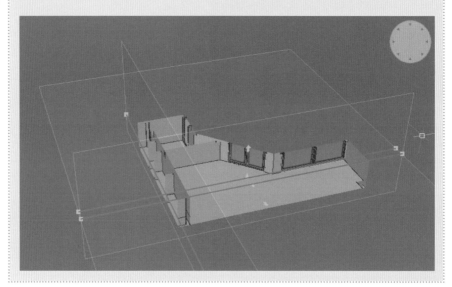

6-3-6 屋根を作成する

　屋根の作成は特別に機能があるわけではありませんので、形状に合わせてモデリングします。今回は片流れのシンプルな屋根を作成します。

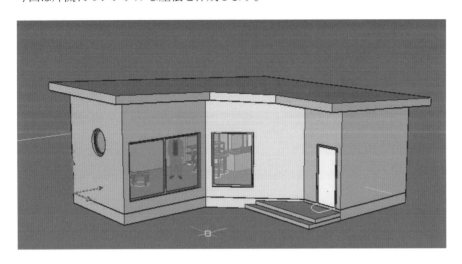

■ 屋根形状の作成

　画層を躯体表示のみにします。

　壁の外形線をポリラインで作図し、外側に距離 600 でオフセットします。作成したポリラインの位置を壁の上部（Z 座標 3000 の位置）に移動します。

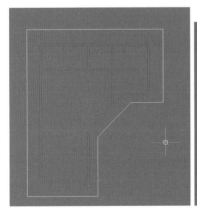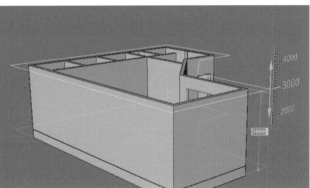

　ポリラインを選択して、クワッドからモデルタブの「ソリッド押し出し」アイコンをクリックします。カーソルを上方向に移動して、厚さ 350 を指示します。

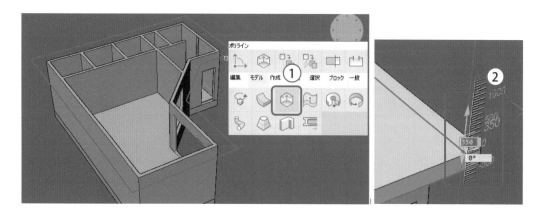

　ルックフロムで右表示にします（①）。[Ctrl] を押しながら屋根の図形にカーソルを合わせ、表示されるクワッドの修正タブにある「マニピュレータ」を実行します（②）。

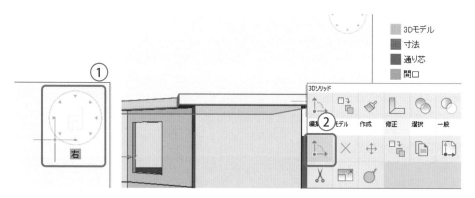

　BricsCAD Shape では、標準的に面と領域の認識をするモードになっています。そのため、オブジェクトそのものを認識したい場合は [Ctrl] を押しながら操作します。

　マニピュレータで、下図のように縦回転する方向をクリックして、角度を 4°で指定します。

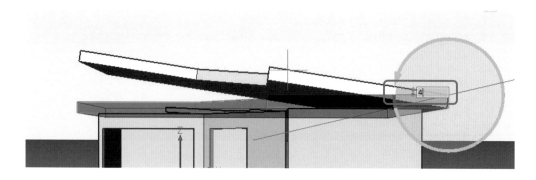

　壁上部を選択できる視点にして、壁上部にカーソルを移動してクワッドの「接合」アイコンをクリックします。

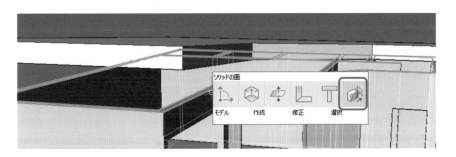

　数秒程度時間が経った後、壁の上部が屋根まで伸びて繋がります。

接合機能は、2D 作図時の延長機能のような感覚で使用できる機能です。
複雑な形状を接合しようとした場合は PC の性能により時間がかかるので注意してください。

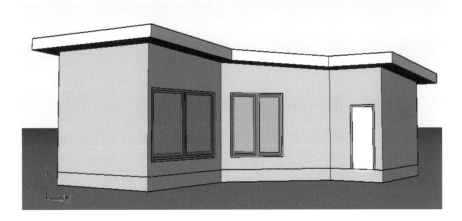

　あとは、細かな部分をポリラインからソリッド押し出し機能などを使用して作成して完成となります。

完成例

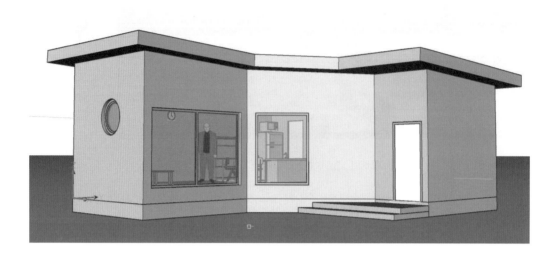

索 引

■ 著者プロフィール

BricsCAD 研究会
代表　杉原 弘基（すぎはら・ひろき）

Bricsys NV 所属。クリエイティブな仕事をすべく環境デザインの学校を卒業するも、デジタルなものづくりに引き寄せられて CAD & CG の世界に入り、制作側として 20 年以上 CAD・WEB・DTP など幅広い業務に係る。
DWG 系 CAD のメーカーとユーザ、双方の立場で仕事に従事してきた経験・知見を活かし、ポテンシャルの高い BricsCAD を広めるために Bricsys Japan の立ち上げメンバーとして参画。
著書として、『IntelliCAD/IJCAD 操作ガイド［基礎編］』などがある。

BricsCAD 公式テキスト

2023 年 3 月 25 日　　初版第 1 刷発行

著　者　　BricsCAD 研究会／ Bricsys Japan
発行人　　石塚 勝敏
発　行　　株式会社 カットシステム
　　　　　〒 169-0073 東京都新宿区百人町 4-9-7　新宿ユーエストビル 8F
　　　　　TEL（03）5348-3850　　FAX（03）5348-3851
　　　　　URL　https://www.cutt.co.jp/
　　　　　振替　00130-6-17174
印　刷　　シナノ書籍印刷 株式会社

本書に関するご意見、ご質問は小社出版部宛まで文書か、sales@cutt.co.jp 宛に e-mail でお送りください。電話によるお問い合わせはご遠慮ください。また、本書の内容を超えるご質問にはお答えできませんので、あらかじめご了承ください。

Cover design Y.Yamaguchi　　© 2023 BricsCAD 研究会
Printed in Japan　ISBN978-4-87783-481-4